金平茂紀の
新・ワジワジー通信

もくじ

金平茂紀の新・ワジワジー通信

2015年

2016年

2017年

対論三題

金平茂紀の新・ワジワジー通信

「金平茂紀の新・ワジワジー通信」

2015年1月〜18年10月まで「沖縄タイムス」の文化面で不定期（月1回程度）連載。収録に当たり若干の加筆修正を施した。タイトル右の日付は掲載日。

２０１５年

２０１５年は貴国が沖縄に軍事基地を造り上げてから70周年の意味深い年で
現代史において沖縄はこれまで3回切り捨てられたと。…僕らはそこに２０１５年を新たに付け加えなければならないのか。

「戦争をしない国」から「戦争のできる国」へと国のありようが大きく変えられようとした年が今年２０１５年だったのではないか

●2015.1.8 沖縄の現実こそ非人道

皆さま。お久しぶりです。沖縄タイムスに帰ってまいりましたよ！　またまた、沖縄をめぐるワジワジーした状況をぶっ飛ばしましょうねえ。というわけで、初回はスペシャル版です。ある方への公開書簡です。

◇　◇　◇

拝啓

多くの敬愛を集めてやまないキャロライン・ブービエ・ケネディ米国駐日大使閣下。大使としてご就任以来のめざましいご活躍ぶりを拝見している日本人の一人として、ここに新年の無事到来のお喜びを申し上げるとともに、失礼ながら是非とも申し上げたいことがございまして筆をとらせていただきます。

私は日本のジャーナリズムの世界でたかだか30数年仕事をしてきた者の一人にすぎません。長年取材をしてきたなかの重要テーマのひとつに、沖縄にある貴国の軍事基地をめぐる諸問題があります。長きにわたる日米関係の歴史のなかで、私たち日本国民は、多くの価値を貴国の人々と共有するに至りました。なかでも民主主義の実現を保障する諸価値（言論、出版、報道、表現の自由）や、少数者、弱者の人権が保護されなければならないこと、差別をなくしていくことの必然性は、私たち日本の国民も、大いに貴国の建国の歴史から学ばせていただきました。独立戦争は、貴女の祖先たちが、イギリス本国の植民地主義から自由を求めて展開した偉大な闘いでした。正義が遂行されなければならない。人々はそのように考え闘いに加わったのでしょう。

２０１３年の映画『ザ・バトラー』（邦題は『大統領の執事の涙』）はご覧になったでしょうか。日本でも公開されて評判を呼びました。１９５２年から86年まで8代の大統領に仕えたホワイトハウスの黒人執事のストーリーです。貴女のお父上も勿論《もちろん》登場します。まだ幼かった頃のあなたも映画のなかで描かれていましたね。貴女のお父上＝Ｊ・Ｆ・ケネディ大統領の正義を求めて差別を憎む姿（公民権運動への深い共感など）に日本の観客たちも心を動かされました。ですから、私たちは２０１４年に貴国のミシシッピ州ファーガソンで起きた出来事を着目していました。18歳の丸腰だった黒人青年が白人警官に射殺されたあの事件です。貴国において正義はどのように遂行されるのかと。

それにしても沖縄で現在起きていることを考える時、（沖縄の言葉では「ワジワジー」というのですが）、不正義が放置されていることに怒りと悲しみがあふれるのを禁じ得ません。沖縄の人々の民意が踏みにじられる根拠に貴国の軍事基地がなっているという冷徹な現実を看過するわけにはいきません。去年の2月に沖縄を訪れた貴女は、公式予定にはなかった稲嶺進・名護市長との会談を行いました。私はその場で取材をしていたのですが本当に驚きました。圧倒的多数で新しく選ばれた翁長雄志県知事があいさつのために上京した際、首相官邸が足を踏み入れさせなかった対応とは全く対照的です。わずか1年前に、官邸をあげてあの仲井真弘多・前知事を歓待した政府がやったことがこれです。

問題の本質は、普天間基地の辺野古移設という間違った選択にあります。そうです。間違った選択です。世界一危険な在外米軍基地と言われる普天間基地ができる限り早く宜野湾市から撤去されなければならないことは日米両国の合意事項です。問題はその移設先です。もし、貴国のなかで、辺野古のような美しい自然の宝庫のような海を埋め立てて、新たに巨大基地を建設する計画が持ち上がったならば、貴国の住民たちはどのような意思表示をするでしょうか。民主主義の手続きに従えば、たとえば住民投票を行うかもしれません。あるいは代議員選挙で民意を示すでしょう。沖縄の人々は最近いくつもの選挙を通じて民意を示しました。名護市長選挙、名護市議会議員選挙に続き、沖縄県知事選挙では現職の仲井真氏を退け、辺野古移設反対を明確に公約に掲げた翁長氏を新しい知事に選びました。さらに年末の衆議院議員選挙（貴国の下院選挙にあたります）でも、辺野古移設反対を掲げた議員が全員、移設推進の候補者たちを打ち負かしました。もちろん、このような

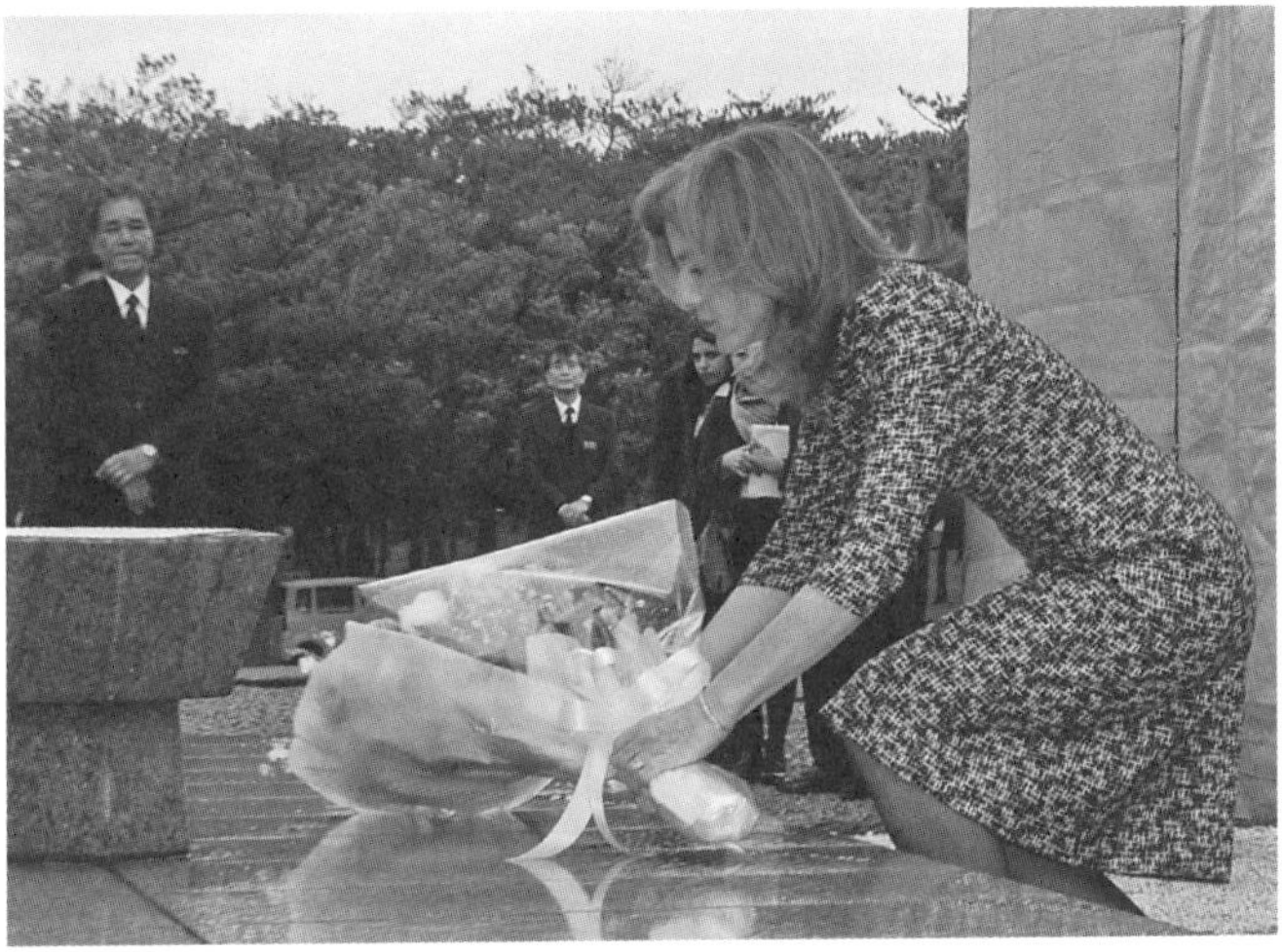

国立沖縄戦没者墓苑で献花するキャロライン・ケネディ駐日米大使＝2014年2月12日、糸満市

事実は貴女もご存じでしょう。

貴女はツイッターによる情報発信を積極的に行っておられますが、それを読んでとても励まされた沖縄の人々も多いでしょう。貴女は、お父上の信念を引き継ぎ、差別を憎み正義の遂行を望んでおられる、と。ですから、マーチン・ルーサー・キング牧師を称賛され、日本国憲法に女性の権利条項を書きこんだベアテ・シロタ・ゴードンさんの名前を記されている。貴女はさらに、日本の一部地域で行われているイルカの追い込み漁に反対する立場も勇気をもって示されました。そこに書かれていた「非人道性」(inhumaneness) という評価は、イルカに対してばかりか、辺野古の海に生息するジュゴンに対してもあてはまりませんか。いや、沖縄の人々の民意が本土政府から無視され続け、日本における貴国の軍事基地の74%がわずか0・6%の国土を占める沖縄に集中している現実に対してこそ、「非人道性」という言葉が使われるべきなのではないでしょうか。

全米有色人種地位向上協会(NAACP)の理事も歴任され、性的マイノリティー(LGBT)の人権を守るパレードに激励の声を送った貴女であればこそ、正義が遂行されるよう、影響力を行使されることを願ってやみません。沖縄の人々はじっと凝視し続けています。貴女が沖縄で交流した高校生たちの世代も含めてです。

今年2015年は貴国が沖縄に軍事基地を造り上げてから70周年の意味深い年であります。日米の真の交流が促進されます年になりますように。ますますのご活躍をお祈り申し上げます。末尾になりますが、私はニール・ダイアモンドの曲『スイート・キャロライン』を青春時代に聴いて育った世代です。

敬具

●2015.2.13
力ずくの「粛々」はまるで火事場泥棒

今年に入って、フランスの風刺新聞「シャルリエブド」本社にイスラム過激派の武装グループが襲撃をかけ、編集者や漫画家らが殺害されるというショッキングな事件が起きた。だが、総じて日本人にとってはそれはまだ「対岸の火事」だった。日本が、そして日本人が彼らの標的となったことを知ったのはその後のことである。

フランスの事件に続いて（実際には去年からずっと継続していて、そのことを政府も把握していたのだが）、2人の日本人が「イスラム国」によって拘束され、その殺害予告ビデオがネット上に投稿され、当初は2億ドルという身代金を、そして続いては、ヨルダンに収監されていたイラク人死刑囚との身柄交換という要求を彼らは突きつけてきた。

日本政府は「テロに屈しない」を繰り返すばかりで、総じて無力だった。犯行自体は卑劣かつ非道なもので非難されるべきものだ。結末は最悪のものとなった。僕らの社会はこの出来事に騒然となり、悲憤が広がり、社会全般に広く深く強い影響を与えている。政府がどのような対応をとったのか、とらなかったのか。そこに瑕疵《かし》はなかったのか。今後、検証がしっかりと行われなければならない。

さて、これほどまでに衝撃的な出来事が起こると、メディアはそのことに神経を集中して仕事をしていきがちになる。そうすると、人々の関心はもちろんそのことへと集まる。歴史を顧みると、人々の視線がある一点に集中している時に、まるでその間隙を縫うような形で、公権力による露骨なチカラの行使が行われることが、しばしば起きている。歴史家や知識人たちはそのようなありさまをさして「まるで火事場泥棒のような振る舞い」とよく表現してきたものだ。

名護市辺野古でこの1月に再開された新基地建設のための工事の進め方があまりにも力ずくだ。「粛々と」（菅官房長官）どころの話ではない。辺野古の海上では圧倒的なチカラによる反対派排除が海上保安庁によって「粛々と」力ずくで行われ、米軍キャンプ・シュワブのゲート前では抗議活動を行う人々への「粛々と」した排除活動のなかで負傷者が出ている。とりわけ「イスラム国」による2邦人人質事件で、人質の安否に多くの国民が悲憤を覚えているさなか、沖縄防衛局（つまり、政府である）は、本格的な埋め立て工事を進めるために、仮桟橋の敷設や大型フロート設置に向けて「粛々と」作業を強行している。

翁長雄志知事が、仲井真弘多・前知事が行った埋め立て申請承認に瑕疵がなかったかどうかを検証する第三者委員会を設置すると表明したそのすぐ翌日に、沖縄防衛局は、キャンプ・シュワブに多数の大型ダンプカーを乗り入れさせて作業を加速化させた。その、聞く耳を全くもたない「粛々さ」に驚いた。

もっとも僕自身はこのニュースを遠く離れた中東の地で友人からのメールで知った。目の前で進行している「イスラム国」がらみの非道な出来事と、遠く離れた沖縄の辺野古で起きていることが頭の中で攪拌《かくはん》され、胃液が逆流するような思いをした。このようにして聞く耳をもたない政府が、民意を踏みにじったあとに残るものは何なのだろうか。後世の歴史家たちは言うに違いない。「その火事場泥棒のような仕打ちに本土のメディアは沈黙していた」と。

フランスの新聞社襲撃事件と、「イスラム国」による2邦人殺害予告ビデオが投稿された日のほぼ中間にあたる1月15日のことだ。この日、外務省が公開した外交文書で、佐藤栄作首相（当時）が１９６５年に沖縄を訪問した際、現地で行われる予定だった演説原稿にアメリカ政府が異を唱え、沖縄の安全保障上の重要性などの文言を加えるように圧力をかけていたことが明らかになったとのニュースが流れた。

沖縄の祖国復帰が実現しない限り戦後は終わらないという趣旨の那覇空港での佐藤演説は有名だが、アメリカ側の圧力で強制的に追加されたとされる部分の演説文を読んでみた。

〈わが国は、日米相互協力及び安全保障条約によって米国と結ばれており、盟邦として互いに相協力する関係にあります。また極東における平和と安全のために、沖縄が果たしている役割はきわめて重要であります。私は、沖縄の安全がなければ、日本本土の安全はなく、また日本本土の安全がなければ沖縄の安全もないことを確信しております。〉

皮肉なことに、現政権は、アメリカから圧力を加えられなくても、このような文言はいつでも自らすすんで言っている。ちなみに、この1月15日は埋め立て工事が本格再開された日で、名護市の現地では陸と海で多くの反対派が強制排除された日だった。佐藤元首相関連の外交文書についてはは東京のメディアでも大きく報道されたが、15日に現地で起きていたことについては、あまり報じられなかった。まるで〈沖縄が果たしている役割はきわめて重要であります〉の文言に忠実であるかのように「粛々と」していた。過去よりも今をみなくてどうするのか。なあ、同僚諸君。

●2015.3.24
常軌逸した辺野古の今

チュニジアのチュニスへ向かう航空便の機内でこの文章を書いている。日本人観光客3人を含む人々が、チュニスの博物館で起きたテロ事件の犠牲になった。その事件の取材に向かうために僕は機内にいる。テレビ報道という僕らの仕事は「発生モノ」と言われる目前で新しく起きた出来事に関心を奪われがちだ。「ニュース」という言葉の原義は「新しいこと」である。ただ、報道の役割はそうした目先のことだけで終わるものではない。また、そうであってはならない。長い時間を費やしてようやく理解できること、数カ月、数年、数十年の取材の結果分かることというものがある。そして、人間の歴史というものを考えてみると、むしろ、長期的取材の成果がより重要な意味を帯びてくることがある。僕自身にとって、そういうテーマのひとつが「沖縄の現実」である。

特にこの1、2カ月の間に沖縄の名護市辺野古周辺で起きていることは、率直に記せば、常軌を逸している。常軌を逸していることは、通常であればマスメディアにとってみれば、報道すべき基準の必要条件のひとつなのだが、現実はそうなっていない。常軌を逸しているにもかかわらず、メディアの多くが（それは地元の一部テレビ局をも含む）、それをなかったことのように振る舞っている（振る舞っていないか？）。その対応自体が常軌を逸しているという事態が生まれているのだ。

辺野古に米軍の新基地を造ることに反対の声が多くあり、その反対運動の一翼を担っていた沖縄平和運動センター議長の山城博治さんが、２月22日に米軍キャンプ・シュワブのゲート前で、米軍警備員によって身柄を拘束され、その後、沖縄県警に身柄を引き渡され逮捕された。約32時間後に山城さんは釈放されたが、米軍直属の警備員による行動は、常軌を逸した形だった。山城さんは、抗議行動をしていたメンバーらにイエローラインの内側に入らないように自制を呼びかけていたところ、警備員がやってきていきなり山城さんを後ろから押し倒し、その後両足を持ち上げて体を引きずって（まるで重いごみ袋を引きずるようなモノ扱いにして）身柄を拘引《けんいん》し、続いて米海兵隊兵士が金属製の手錠を後ろ手にかけて、基地内敷地にしばらく放置した。

本紙北部支社の浦崎直己記者がこの一部始終を目撃していた。彼は携行していたデジカメで何枚かのシーンを撮影した。奇異なことに、山城さんが拘束された瞬間、現場には、米軍当局、沖縄県警がビデオカメラ数台で（確認できるだけで4台いた）拘束の模様を撮影していた。撮影用のバーまで用意して高い視点からの俯瞰《ふかん》映像を撮る念の入れようで、まるでドキュメンタリー映画か何かを撮るような体制が組まれていた。テレビ局は1局もその場にいなかった。後日、米軍のカメラで撮られた映像が外部に流出した。いや、この表現は不正確なので言い直せば、（この原稿の校正段階で発覚した事実だが）米海兵隊政務外交部次長（当時）ロバート・エルドリッジ氏が利害関係を同じく

警備員に足を引っ張られる平和運動センターの山城博治議長（中央）と、県警に抑えられる男性＝2月22日午前9時すぎ、名護市辺野古の米軍キャンプ・シュワブ

する第三者に映像を提供し、それがネット上にアップされた。その動画は、念入りに編集されたもので、ある意図を感じさせる代物だ。エルドリッジ氏は流出の責任を問われ、事実上解任された。

山城さん拘束という事態が生じた日、NHKは全国ニュースとしてこの出来事をまったく報じなかった。NHK沖縄は、ローカルニュースとしてこの出来事を報じたが、それは大規模な基地反対集会が開かれたというニュースの最後に、付け足しのように10秒ほどで伝えただけだった。「植民地の傀儡《かいらい》放送局のようだ」と僕の友人は言い捨てた。

この出来事の前にとびきりの常軌を逸した出来事があった。件《くだん》のエルドリッジ氏が、日本の良識ある英字新聞のひとつジャパンタイムズが「ファーライト（極右）・チャンネル」と表現する某インターネットTVに出演し、辺野古の基地反対の声を「ヘイトスピーチ」と同一視する発言をした。その昔、エルドリッジ氏は、大阪大学で日米関係論を学ぶ学者の卵だった。当時の彼のことを「日本のことをよく理解してくれるアメリカ人が生まれた」などと褒めそやす学者もいた。日本語を流暢《りゅうちょう》に話し、一見人当たりのソフトな物腰の故だったからか。「ファーライト・チャンネル」に出演したことで、「彼の化けの皮がはがれた」とは、沖縄在住の政治学者ダグラス・ラミス氏の言葉である。

日本の近現代史の泰斗、ジョン・ダワー氏にお会いする機会があった。今年76歳のダワー氏は、沖縄で起こっていることに強い怒りを表明していた。「私は、沖縄の人々が草の根運動を通じて、自らの声を届けようとする姿勢に心から敬意を表したいと思います。終戦以来、米日両政府が沖縄に対して行ってきたことを私たちは決して忘れてはいけません」。その怒りの矛先は第2次世界大戦終結70年、ベトナム戦争介入後50年の今年でさえ、パックス・アメリカーナ（アメリカ覇権による「平和」）を死守する米軍に、そしてそれに追随する日本政府に向けられたものであったことを記しておく。

間もなくこの飛行機はチュニスに到着するはずだ。もうひとつの戦争がそこでは展開されている。

●2015.5.6
「正義のないところに平和はない」

今年は戦後70年という節目の年だ。人間という生き物は、滔々《とうとう》と流れていく歳月の中で、自分の位置を見定めるマッピングという作業を、意識的にも無意識的にも行っている。今、自分はこの世界の中で、どのあたりに位置しているのか。この現世において、自分はどんな場所にいて、この後どうなっていくのだろうか、と。大海原を航行する船に羅針盤が付いていて、経度と緯度で自分たちの位置を定めるように、僕らも時間に区切りをつけて位置を確認する。

「戦後」もそのための尺度の一つだ。それはまたあの戦争を忘れないための知恵でもある。だが今、この「戦後」という尺度が無効になりつつあるのではないか。いや、正確に言えば、無効にされつつあるのではないか。「戦後」ではなく、むしろ「戦前」という尺度の方がより具体的に自分の位置がわかるのではないか。それほど日本では、いま戦争に向けた準備が強引に進んでいるように思う

日本時間の4月28日（ワシントンDCでは時差があり27日）、日米の外務・防衛担当閣僚による安全保障協議委員会（2プラス2）で、日本側は、米軍普天間飛行場の移設に関して、名護市辺野古への移設が「唯一の解決策」だと明言した。そこにいた米側もそれを歓迎したことは、共同文書に明記されていることからも明らかだ。翌日のオバマ・安倍首脳会談でもこのことが再確認された。最もオバマ大統領の頭の中を占めていたのは、ワシントンDCから目と鼻の先、ボルティモアで続いていた黒人層を中心とした暴動にあったのだろうが。

共同記者会見でも米側記者はこの点について質問を浴びせていた。No Justice, No Peace は暴動の際に掲げられたスローガンだ。「正義のないところに平和はない」。日本語では Justice は「正義」と訳されることが多いが、この語には倫理的な価値観が含まれている。人間の倫理に照らして理不尽な行為が行われた場合、それが正されなければ真の平和は訪れない、というほどの普遍的な意味

合いを持つ。

沖縄県民が選挙という最も民主主義的な方法で、辺野古新基地建設はイヤだと意思表示したにもかかわらず、結局のところ、沖縄の民意はまたも踏みにじられた。もちろん、そんなことは予想できたことだ。翁長知事との面会も訪米直前に辻《つじ》つま合わせのように行われ、それまでは会おうともしなかった。一体どちらを向いて仕事をしているのか。

この一連の日米協議が行われた4月28日という日付は特別の意味を持っている。63年前のサンフランシスコ講和条約で、日本の主権回復と引き換えに、沖縄が本土から切り離されて米軍施政下におかれた「屈辱の日」だからだ。その日にまた沖縄が切り捨てられた。その日の意味合いを彼らが忘れていたとしたら、彼らは非倫理的な人々だ。別の言葉でもっと分かりやすく言えば、人の道を外れている。本土のために沖縄は負担を強いられて当然の場所なのだとでも言うように。

その根底にあるのは、国内植民地的な差別観である。沖縄は本土とは違う。沖縄は地理的にも地政学的にも中国により近く、そこは本土防衛の負担を担ってもらうべき場所と人々なのだ、と。あとはカネで解決できるだろうと。怒りで頭が沸点に達しそうだ。この程度の政治リーダーしか持ちえていない日本の政治システムに対して。そのことをまともに報じようともしない本土メディアと一部の地元テレビ局に対して。その現実を甘受している若い世代のものわかりのよさに対して。

ここからが本題だ。この自分の怒りの未熟さに気づかされるような映画作品に出会った。戦後70

年目の日本で、どうしても見ていただきたい映画だ。ジャン・ユンカーマン監督の『沖縄うりずんの雨』。よくぞこれだけ深くかつ確かな歴史の視座を、当事者たちの証言を通して紡ぎあげて、私たちに提示してくれたものだと思う。その意味で、この映画はこの70年間の沖縄からの問いかけの集大成だ。

この春、米国ボストンでインタビューをしてきた歴史学者のジョン・ダワー氏が指摘していたが、現代史において沖縄はこれまで3回切り捨てられたと。まず1945年の沖縄戦、続いて52年のサンフランシスコ講和条約、そして72年の本土復帰だったと。僕らはそこに2015年を新たに付け加えなければならないのか。作品中に登場する安里英子氏の言葉が心に突き刺さる。「女性たちだけでなく、沖縄そのものが凌辱《りょうじょく》されているということなんですよね。今の基地問題も。当たり前の人間として扱われていないという怒りがあります」

もう一本の映画は、三上智恵監督の『戦場《いくさば》ぬ止《とうどう》み』だ。見終わってから僕は魯迅の短編小説『賢人と馬鹿と奴隷』を思い出していた。辺野古に基地をつくらせないと動いている、ある意味で、愚直で頑固で生真面目な人間の肉声と心のうちがひしひしと伝わってくる。すばらしい。海上保安庁職員も含め、多くの人が見られますように。

●2015.6.11
意識的に「見ない」のではないか

Aさん。お元気ですか。先日は那覇で僕のような説教ジジイの話に夜遅くまでお付き合いいただいてありがとうございました。さぞかし辟易《へきえき》されたでしょう。沖縄をとりまく状況が切迫していて、現場の人と話をしたいということがあったものですから。

東京で今、ざっと周囲を見回してみると、率直に言えば、僕らの（在京キー局の）仲間たち、後輩たちが現下の沖縄の状況に関心を持ち続けているとは思えません。特に翁長雄志県政の誕生以来、現政権が沖縄の民意を全く無視して、名護市辺野古沖の新基地建設に向けた作業を、力ずくで進めている現実を、もはや見ようとはしていない。

ニュースとして報じられていない間も「粛々と」工事は進められています。「ああ、沖縄のことね。遠いなあ。次のニュースのタイミングは総理が行く6・23の式典かなあ」くらいが本音かもしれませんね。みんな目先のことを追いかけるのに精いっぱいで、それ以外のことに想像力が及ばない。

政治部の記者たちに至っては、沖縄への視点が政府の立ち位置と全く重なっていることに気がついてもいない人たちが結構見受けられます。「そうは言ってもですね、沖縄の米軍基地は安全保障上、必要でしょ。中国の動きがあるし」とかね。官房長官の定例会見などを見ていても、沖縄のことをきちんと質問しているのは、沖縄タイムスや琉球新報の記者くらいです。

Ａさん。あなたも大変でしょう。上司や同僚たちの過剰な自己規制や忖度《そんたく》のなかで仕事をしているのですから。あなたの競争相手局のＮＨＫ沖縄の人々の多くは、いつか戻るかもしれない東京を意識しながら放送を出しているとか、よく耳にしますよ。あれだけの人材と取材資金を抱えながら、基地問題とかホットなテーマについて切り込んでいく報道がなかなか出ていない。以前には、東京の政治部が沖縄発の全国ネットの番組内容に介入してきて、ズタズタに改編されたケースもあったとか聞いたことがあります。

そんななかで、前回この連載でも触れましたが、沖縄の切迫した状況に敏感に反応した映像作家たちがこのところ相次いで、ドキュメンタリー映画を発表・公開しています。ジャン・ユンカーマン監督の『沖縄　うりずんの雨』と、三上智恵さんの『戦場《いくさば》ぬ止《とぅどぅ》み』です。もうご覧になりましたか。桜坂劇場でも上映するはずですから是非ご覧になることをお薦めします。職場の仲間にも見るように言ってください。ついでに上司にもね（笑）。両作品とも僕らの想像力をとても広げてくれます。

それに加えて、今年のテレビ界のイベント、第52回ギャラクシー賞の大賞に琉球朝日放送のドキュメンタリー『裂かれる海～辺野古　動き出した基地建設』が選ばれました。『ＧＡＬＡＣ』誌に載っていた選考理由を読みました。〈この作品はキー局が決して映さない「日本国が持つ顔」を映し出しました。象徴的な場面は、沖縄の首長や議員たちが沖縄の声を伝えるために首相官邸に行った際の銀座デモ。東京の右翼団体が「非国民！」「帰れ！」などの心ない言葉を投げつけました。辺野古の海ではゴムボートで抵抗する男性を海上保安庁の若い隊員が挑発する様子も撮影されていました。…東京目線では見えない構図を示そうとする地元目線。徹底してそこにこだわる取材姿勢は閉塞したテレビジャーナリズムにとっての一筋の光といえます〉（同誌7月号より）。

うーん、僕の正直な感想は、前記2作品を見てしまった後だからなのかもしれませんが、結構厳しいですよ。今回の選賞はドキュメンタリー作品としての評価と言うよりも、〈メディア状況〉に対するある種の「励まし」のような意味があるような気もします。その「励まし」の意味を問い詰めていくと、本土メディアの不作為に対するある種の贖罪《しょくざい》感覚のようなものがないかどうか。

「東京目線では見えない構図」とありますが、「見えない」のではなくて、意識的に「見ない」ことにしているのではないか。ただ、銀座デモのシーンをみせたことは大いに意味がある。銀座にいたのは、いわゆるヘイトスピーチ系の団体で、当時那覇市長だった翁長氏らに「売国奴！」「日本から出て行け！」などと口汚い罵声を浴びせていました。現下の状況の象徴的なシーンです。それを琉球放送や琉球朝日放送やNHKも撮影していたはずです。

ところが琉球朝日放送だけが翌日のローカルニュースでその罵声のシーンを放送しました。当時まだ琉球朝日放送に在籍していた三上智恵さんらが頑張ったから放送されたと聞いています。Aさ

抗議のカヌーを拘束する海上保安庁のゴムボート＝6月5日午前11時10分、名護市辺野古沖

んの局では放送しなかったでしょう。

海上保安庁の非道な行動はAさんも知っている通りです。漁協の漁船もほとんどが警備艇として日当5～6万円で（これは税金です）借り上げられてしまっている。報道陣を乗せてくれる漁船がほとんどなくなってしまった。沖縄の地元局の人間さえなかなか海上へは行かなくなっている。僕自身はこの作品の「そんな仲井真知事も政府から基地という踏み絵を踏まされたのです」というくだりには、正直、強い違和感を覚えましたね。

それでも、最後に言っておきますが、沖縄の現下の状況をめぐってさまざまなアプローチの映像作品が生まれていることを僕は素直に喜びたいと思います。Aさん！　また、会いましょうね。

●2015.7.1
首相への罵声はなぜカットされたか

Aさん。お元気でしょうか。僕は今、怒っています。それで前の手紙からあんまり日数がたっていないのですが、手紙をまた書くことにしました。

6月23日の慰霊の日前後、僕は沖縄に入って取材を続けていたのですが、仕事に追われてお会いできず残念でした。そちらもきっと忙しかったでしょう。

沖縄戦終結から70周年の節目にあたる今年の慰霊の日、摩文仁の丘に僕らが着いたのは、何と午前4時5分です。まだ日の出前。自決した日本軍の司令官・牛島満中将を祀《まつ》る黎明《れいめい》の塔に毎年、制服自衛官たちが大挙して参拝に訪れる。しかも日の出前の早朝に。

それを取材するため僕らは待ち構えていました。午前4時50分になって彼らがやってきました。人数は30人ほど。旧日本軍と自衛隊は一体のものではないはずで、その行動については一定の批判の声があります。参拝はあっという間に終了。万一の混乱に備えて沖縄県警の警察官も出動していました。

それにしても、今年の戦没者追悼式、例年とは随分と空気が違ってましたですね。

翁長雄志知事は平和宣言のなかで、辺野古移設作業の中止をはっきりと要求していました。それに対する参列者からの熱い拍手、指笛。あんなのをみたのは初めてです。

あいさつを終えて着席するまでずっと拍手が鳴りやまなかった。それに続いた高校生の詩の朗読もなかなかよかったです。みるく世がやゆら（平和ですか?）。特に琉歌独特の「つらね」と呼ばれる歌唱法で朗々と詞が詠まれた時、会場からは思わず拍手がわき起こっていましたね。

問題は、それに続く安倍晋三首相のあいさつの時です。数カ所から「帰れ!」との罵声が飛んで

沖縄全戦没者追悼式の会場に入る安倍晋三首相と翁長雄志知事
＝6月23日午前、糸満市・平和祈念公園

いましたね。長年、沖縄の取材をしていますが、内閣総理大臣のあいさつに参列者から罵声がストレートに浴びせられるのをみたのは初めてでした。「戦争屋！」と叫んだ老人が1人退席させられたそうです。僕のいた場所からは確認できませんでしたが。我慢強い沖縄の人々も堪忍袋の緒が切れたのでしょう。現場に立ち会って取材していた人はその異様な空気の変化を感知したはずです。

ところがです。僕は驚きました。Aさんのライバル局であるNHKの夜7時のニュースをみていたら、あの罵声の部分が全く放映されないではありませんか。ええっ？　僕は思わず自分の目と耳を疑いました。たまたまその前にみていたQABのニュースではしっかりとそのシーンを伝えていましたから。Aさんの局ではどんな扱いでしたか？　やっぱりカットですか？　過剰な自己規制や忖度《そんたく》がはびこる現下のメディア状況です。僕はあなたにそのようなことがなぜ起きるのかを考えてほしいのです。

もしカットされていたのなら、具体的に誰がどのような判断でそうしたのかを確かめて知ってほしいのです。最近、僕は〈自発的隷従〉という言葉をよく意識しています。圧倒的に力の強い者に対してこびへつらうばかりか、自発的にそのように振る舞うことによって得た小権力を、自分の周りの者に行使して支配していく。僕の周りにもそういう人がいました。どこもおんなじでしょう。でもね、あったことをなかったことにするのは、なしでしょ。ちょうど仲井真弘多前知事が、2期目の知事選に出た時にはっきりと掲げていた「県外移設の公約」みたいにね。

翌日、辺野古の海に漁船を借りて海上に取材に出ました。今ではもうその船長さんしか僕らマスコミの取材陣を乗せてくれる漁船はほとんどいなくなりました。あとの大部分の漁船は1日5万から数万円の賃料（もともとは国民の税金）で、沖縄防衛局によって借り上げられ、警備艇として海上に終日漂っています。

漁師としての技をもつ海人（うみんちゅ）としては本当に不本意なことでしょう。僕らが海上に繰り出すや、赤い色のフロート（浮き）からかなり離れている海域であるにもかかわらず、防衛局の船が近づいてきて、法令に違反しているから退去せよとメガホンでうるさく警告してくる。ご丁寧にビデオカメラを回していたりする。こちらも取材どころではない異常な状況です。それもこれも、聞く耳をもたない、有無をいわせずに作業を継続するぞという異論封じのひとつなのでしょうか。

さて、沖縄での取材を終えて東京に戻ってみると、安倍首相に近い自民党の若手議員たちの勉強会なるものが開かれ、講師の百田尚樹という作家、参加議員も含め、とんでもない暴言が飛びかっていたとの報道が伝わってきました。いわく「沖縄の2紙はつぶすべきだ。普天間基地はもとは田んぼの中にあり周りは何にもなかった、そこに利益になるからとあとから住民が住み着いてきた。沖縄は本当に被害者なのか。沖縄の米兵によるレイプ事件より、沖縄県民自身が犯したレイプ事件の方がはるかに率が高い」云々《うんぬん》。

あきれてものが言えないというか。さらには参加議員から「マスコミを懲らしめるためには広告収入を減らすのが一番。文化人に経団連に言ってもらえばいい」との発言もあったとか。ちなみに百田氏は安倍政権によってＮＨＫの経営委員に据えられた人物だったわけです（すでに退任）。

僕が沖縄入りした翌日、作家の大江健三郎氏の講演会が宜野湾市で予定されていました。開会寸前の会場に取材のため僕はいたのですが、直前になって体調を崩され大江氏の出席が不可能と主催者が通知しました。有料でチケットを購入して開演を待っていた満席の聴衆たちは、その知らせを静かに聞いていました。誰かが「早くよくなって！」と叫ぶと会場から拍手が起きました。東京なら間違いなく大騒ぎになっていたことでしょう。その後、聴衆たちは混乱なく静かに引き揚げて行きました。沖縄の人々の心を垣間見たように思いました。その2日後に起きた追悼式での罵声に比して何という優しさに溢《あふ》れたシーンだったことでしょうか。

また沖縄でお会いしましょう。お元気で。

●2015.8.6
沖縄を「人類館」化する政府

戦後70年の8月を迎えた。本土の敗戦＝無条件降伏の受諾が、8月15日のいわゆる玉音放送をもって国民に公知されたため、僕が今仕事をしている報道の世界では、8月は戦争ジャーナリズムの季節ということになっている。テレビや新聞、雑誌では、今年が戦後70年の節目であることから、大きく特集が組まれたりしている。僕は思う。これを一過性の年中行事にしてはならない。

沖縄ではそれに先立つ6月23日、沖縄駐留第32軍の牛島満中将が自決した日が沖縄戦の終戦日ということになっていて、すでに追悼式典も行われた。実際には6月23日の後も敗戦を知らずに、「鬼畜米英」を相手に戦闘態勢を解いていなかった島もあったという。それによって引き起こされた悲劇もあった。

今、冷静にこころを鎮めて考える。沖縄に「終戦」というのは本当にやってきたのだろうか？米軍が普天間基地を建設し始めたのは、1945年の沖縄戦のさなかのことである。その基地がいまだに宜野湾市の人口密集地に鎮座している。本当に沖縄に「終戦」はやってきたのか？

ひるがえって日本全体のことを考えてみよう。一体誰が、70年前の敗戦の焼け跡を前に、集団的自衛権の行使とか称して、日本が海外に軍事力を繰り出すことを認める事態が来るなどと想像しただろうか。当時は戦争に負けて日本はボロボロになり、軍人・兵隊が自ら武器を捨て去って降伏した時代である。その当時の日本人たちは心から平和を希求していたはずである。

現在、国会で審議されている安全保障関連法案は、その内容も、その法制化のプロセスも、70年前の日本人の平和への希求を踏みにじるものである。現在の政権は、まるで戦前の政府のように、異なった意見や批判に対して聞く耳を全くもっていないようにみえる。何を言われようと、どんなに抗議を受けようと、「粛々と」「淡々と」という無慈悲な言葉で、その実態は、力ずくでことを進めていく。そう、まるで日本全体の政治がいま辺野古で起きている事態のように、有無を言わせずに聞く耳を持たずに強引に進められているのだ。これは民主主義か？　日本全体が辺野古化しているという現実。

１９７６年、知念正真が「新沖縄文学」に発表した『人類館』という戯曲がある。戯曲のモチーフとなった人類館事件とは、１９０３年、大阪・天王寺で開かれた内国勧業博覧会で、琉球の女性2人が、アイヌ、台湾の高砂族、インドのキリン族、ベンガル人らとともに、民族衣装姿で生きたまま展示されていた事件をいう。

沖縄県からは博覧会側に対して、琉球の人間をアイヌや台湾先住民と「同列に」展示されることへの抗議も寄せられたというが、このあたりの反差別感情は複層化している。『人類館』作者の知念は、この戯曲で扇情的なまでに登場人物の1人に次のように語らせている。

〈我が「人類館」は、世界中いたる所で差別に遭い、抑圧に苦しみ、迫害に泣く人種、民族を色とりどりに取り揃《そろ》えてございます。黒人あり、ユダヤ人あり、朝鮮人あり、琉球人あり、アイヌ、インディアン、エトセトラ…（略）…どうぞ、みなさん、彼らを良く見てやってください。彼らの一挙手一投足を、瞬《まばた》きもせずに観察して下さい。穴のあく程、しみじみ見詰めてやってください。…そうすれば、賢明なみなさんのこと、多分、お気付きになる筈《はず》です。「彼らも私達と同じ、人間なのに…」と。〉

僕は去年11月、この『人類館』が再演されたのを沖縄市でみた。そして、さまざまなことを考えさせられた。さて、今の沖縄で起きていることを率直に記せば、本土政府が、沖縄全体をかつての「人類館」パビリオンのような空間に封じ込めてしまっているのではないか。かつての戯曲をもじって言えば次のようになる。かなり激越になるけれどお許し願いたい。

〈我が「人類館２０１５」には、本土に暮らす善良なる日本人のために、安全保障上の過大なご負担をおかけしている沖縄県民の生態があますところなく生きたまま展示されております。ほれ、沖縄の皆さまは、わが日本にある米軍基地の74％が集中しているフェンスだらけのなか、選挙で何度も示された民意をこれほどまでに無視されているにもかかわらず、わが中央政府からの交付金漬けをのぞむ一部の腐りウチナンチューを抱えながらも、人口増加率全国トップを誇る生命力満点の皆さまでございます。

彼らの一挙手一投足を、瞬きもせずに観察してください。わが本土政府の主張に何から何まで盾突く地元新聞2紙などつぶれてしまえばいいと言われたヒャクタ大先生のおっしゃる通り、彼らは

再上演された演劇集団「創造」による劇「人類館」（知念正真作）
＝ 2014 年 11 月、沖縄市民小劇場あしびなー

特異なるメディア環境下で、炎天下にもかかわらずキャンプ・シュワブ前の路上で抗議行動をとったり、わが沖縄防衛局が、世界の中の至上の同盟国・アメリカ様のために新基地を建設しようとしているにもかかわらず、木の葉のようなカヌーや左に傾いた漁船等を操って海上で抗議行動をとるなど、「和を以《も》って尊し」を旨とする日本精神に反するような一部の輩をつぶさにご覧いただけます。海保の連中が一部手荒を働いておりますが、これも皆さんの観察作業のなかで、エキサイティングな妙味を提供するものでありましょう。穴のあく程、しみじみ見詰めてやってください。……そうすれば、賢明なみなさんのこと、多分、お気付きになる筈です。「彼らも私達と同じ、人間なのに……」と。〉

悪い白昼夢をみてしまったようだ。沖縄戦から70年を経た琉球は、当然ながら「人類館」化を断固拒否しなければならぬ。

●2015.9.1
「戦争に巻き込まれても仕方ない」と佐藤首相は言った

8月が過ぎた。暑い夏だった。本土のメディアでは、8月は8・15という本土でいうところの「終戦記念日」を含んでいるため、この前後に戦争をテーマにとりあげた企画・記事・放送が集中的に登場した。今年は戦後70年という節目でもあり、とりわけ多くの戦争モノがあった。

だが、沖縄にとってみれば、6・23の方が沖縄戦の終戦を表す象徴的な日付になっていることもあり、8・15と言われてもいま一つピンとこないのではないか。そのことし、沖縄戦や沖縄の現代史をめぐってさまざまなテレビ番組がこれまでに放送されたが、僕自身、最も刺激を受け驚きを感じた番組について書き留めておこうと思う。

いま何かと評判の悪いＮＨＫだが、やはりＮＨＫには豊富な人材と豊富な資金、それ以上にさまざまな余裕というものがあって、すぐれた作品が生み出される土壌があることは事実だろう。なかでもことし5月9日に放送されたＮＨＫスペシャル『総理秘書官が見た沖縄返還～発掘資料が語る内幕』は、沖縄返還をめぐって首相官邸で何が起きていたのかを示す第1級資料（故・楠田實・首相秘書官の膨大な遺品）を基に、佐藤栄作首相（当時）の、公式には明らかにされていない動きを検証した内容で、いま僕らの周囲で起きていることの意味を考える上でも実に貴重な材料を提示してくれている。

「核抜き・本土並み」の沖縄返還を実現させたい佐藤が、それを実現するために何をしていたのか。この番組でその内実が実に生々しい形で描かれていた。沖縄返還をめぐっては日米間ではさまざまな密約が交わされた。その一部は、佐藤の対米交渉における密使・若泉敬（故人）の『他策ナカリシヲ信ゼムト欲ス』（1994年、文藝春秋）で沖縄への核再持ち込みの密約などが明らかにされていた。

NHKの番組では、若泉の交渉に先立って行われていた米国人ハリー・カーン（故人）と佐藤との秘密会談の中身が詳しく報じられていた。ハリー・カーンは占領期からの日本の戦後史にたびたび登場する謎の人物で、「ニューズウィーク」誌東京特派員の肩書とは裏腹に、フィクサーとして暗躍していた。ノンフィクション作家の青木冨貴子によれば「カーンこそは、占領期から戦後の日本政治の舞台裏で暗躍した黒幕で、保守本流の政権維持を裏から支えた知られざる〝工作者〟だった」（『昭和天皇とワシントンを結んだ男』2011年、新潮社）とされる。

佐藤・カーン会談で何が話されていたのか。1回目の会談（1968年12月9日）でカーンは沖縄の基地は朝鮮半島有事に対処するために絶対に必要だと力説した。佐藤はカーンに対し、兄の岸信介を当選したばかりのニクソン米大統領と直接会談させたい旨依頼して、結果的に実現させている。2回目の会談（69年2月28日）ではもっと突っ込んだやりとりが行われていた。

〈カーン　沖縄に核が残らない方がよいのか、それとも、沖縄に核があることが日本のために必要だとお考えなのか。〉

〈佐藤　朝鮮半島情勢に対処するためには、何も沖縄に核を置く必要はないだろうし、むしろそのような核ならば韓国内に置いたら良いだろう。もっともそういう事態が発生したら、米軍は、日本本土の基地を使えば良いのだ。その結果、日本が戦争に巻き込まれても仕方がない。……朝鮮半島で米軍が出なければならない事件が起こった場合、日本がそれに巻き込まれるのは当り前だ。このことを自分の口から言うのは初めてだ。国会でももちろんこんなことを言ったことはないし、絶対に口外しないで欲しい。〉

〈カーン　よくわかっている。〉

（同番組より）

つまり、佐藤はカーンとの会談で、沖縄の「核抜き」返還を実現させる代わりに、朝鮮半島有事の際の米軍による日本全土の基地の「自由使用」を約束することを決めたのだ。最も重大な事実は、首相である佐藤が「日本が戦争に巻き込まれても仕方がない」と認識していたことだ。この時点で、佐藤は憲法の戦争放棄など吹っ飛んでしまうような決定的な対米隷従の選択肢をとっていたことである。

戦後初めて首相として来沖した佐藤栄作氏（中央）。日航特別機で那覇空港に到着後、歓迎式典に参加した＝1965年8月19日、那覇空港

以上のような闇の部分に光を当てただけでも、NHKの番組は評価されてしかるべきだと思う。ただNHKのこの番組は、佐藤の沖縄返還への執念を美化する傾向が若干強く、その点は引っ掛かるが、それを帳消しにするだけの「事実の重み」が伝わってくる。それにしても、祖父・大叔父の岸・佐藤を尊敬すると伝えられている安倍首相の政権が、現在行おうとしている安保にまつわる政策が、あの時の佐藤の対米隷従の選択と重なって映るのは、戦後70年目の歴史の「隔世遺伝」とでもいうべきか。

言うまでもないが、「日本が戦争に巻き込まれても仕方がない」などという独断はあってはならない。ましてや、沖縄に対して、返還時の「核抜き」だけ実現させて、「再持ち込み」を密約で認め、「本土並み」は放棄して、米軍基地の74％を沖縄に押し付け続けてきた政策は、「沖縄がまず戦争に巻き込まれても仕方がない」と宣言しているに等しい。辺野古の工事がわずか1カ月間ストップしても、現政権の対沖縄観（これも歴史認識の一つであろう）が変わらない限り、何も出口は見えてこない。（文中敬称略）

●2015.10.15
政権は本気で県政つぶしに乗り出した

沖縄が本土に復帰した1972年に、日本の内外の騒然とした社会状況を捉えて、故・吉本隆明は〈戦争が露出してきた〉と喝破していたことを記憶している。〈戦争が露出してきた〉という言葉は確かにあの当時の世の中の空気の本質的な部分を言い当てていたように思う。

まさかそこまではやらないだろうという「常識」がいとも簡単に打ち砕かれて、おきて破りのような行為が立て続けになされると、やられた方はショック後の精神的空白というか、無感覚の空虚に襲われることがある。頭が真っ白になるというやつである。第三次安倍内閣の沖縄担当大臣に県選出の島尻安伊子参議院議員が就任した。当選2回ながらの大抜てきである。あぜんとした人も多いのではないか。

島尻氏は宮城県出身で、結婚して沖縄に移り住んできた人物だ。もちろん沖縄に移住した人たちの中には、沖縄の土地・風土を慈しみ、ウチナーンチュの心を解するに至った人もいる。島尻氏の場合はどうか。氏のこれまでの政治的スタンスの激しい変転ぶりをかえりみると、率直に表現するならば、底なしの虚無感にとらわれてしまうのだ。人間という生き物はこの軟体動物顔負けの超絶変転を自らに許すものなのかと。

島尻氏が政治の世界に関わってきたのは、2004年の那覇市議補欠選挙で、この時は民主党公認で初当選した。だがすぐに離党、その後の参議院選挙に沖縄選挙区から無所属（自公推薦）で出馬して当選、直後に自民党に入党した。そして民主党政権が誕生すると、自民議員ながら「沖縄人の声を代弁しなければならない」などと言い出し、10年の参議院選挙では、普天間基地の「県外移設」を公約に掲げて再選された。しかしその後、国政が民主党政権から自公政権へと戻った後の13年には「県外移設」の公約を破棄して、辺野古新基地建設推進へと転じた。

それ以降は、島尻氏は辺野古反対陣営への攻撃の急先鋒《せんぽう》の役割を積極的に果たしてきた。例えば、島尻氏は、辺野古反対を唱える地元名護市の稲嶺進市長に対して「政治目的から行政の権限を濫用《らんよう》することは地方自治法上問題だ」と国会質疑の中で激しく攻撃した。

翁長県政が誕生した14年の県知事選挙では、仲井真弘多前知事の横に密着して選挙応援を行っていた。自民党沖縄県連の会長に就任した今年4月、島尻氏は、県連大会のあいさつで、辺野古新基地建設をめぐる反対運動について「責任のない市民運動だと思っている。私たちは政治として対峙《たいじ》する」と発言した。

今回、沖縄担当大臣就任後の内閣府での初記者会見の場で島尻氏に質問してみた。かつて「県外移設」を公約に掲げていたあなたが、あらゆる手段を講じても辺野古に基地をつくらせないとする

工事車両の侵入を警戒し座り込みに参加する市民＝10月8日、名護市辺野古・キャンプ・シュワブゲート前

翁長県政の政策とのギャップを埋められると考えているのか、と。新大臣は「政府として辺野古が『唯一の選択肢』だと進めており、私としても何としても進めないといけないと思う」と答えた。沖縄在住の研究者・親川志奈子氏をして「腐りないちゃー」と言わしめる島尻氏の大臣起用は、政権が本気で翁長県政をつぶそうと乗り出してきたことの露骨な意思表示だと捉えている人も多い。

その翁長雄志知事は、9月21日にスイス・ジュネーブの国連人権理事会総会に出席して、「沖縄の人々は自己決定権や人権をないがしろにされている」と、日本政府とアメリカ軍による沖縄への構造的差別の現状を世界に訴え理解を求めた。日本の都道府県知事があの場で世界に向けてスピーチを行ったことはこれが初めてのことだった。

その場に日本政府代表として立ち会っていた嘉治美佐子ジュネーブ大使が、翁長知事の演説終了後に反論の演説をし、日本からの報道陣に対して「適正な手続きにのっとって（政府は）やってきた。事実関係を無視した知事の発言は国際社会の理解を得られないのではないか」と述べた上で「軍事基地の移設の問題を人権の保護・促進を扱う人権理事会で取り上げるというのは、ちょっとなじまないというふうに感じています」と発言していた。

そうだろうか。嘉治大使が本気でそのように考えて発言していたのならば、世界各地の軍事基地周辺で起きている人権侵害事例について無視することに決めていると宣言しているに等しい。多彩な経歴を持つ嘉治氏は「人間の安全保障」研究や国連難民高等弁務官事務所勤務で何を学んでこられたのだろうか。まさか普天間基地移設問題浮上の引き金になった1995年の米軍基地周辺での沖縄の女性への暴行事件に対する人権侵害事件のことをご存じないわけがないだろう。

このところ、辺野古新基地建設に反対する人々への警察や海上保安庁、沖縄防衛局などの警備の物理的な力の行使の度合いが強化されてきているようだ。現場の声を聞くと警備が手荒になってきたという。ネット上には米軍基地内から撮影された出所不明の反対住民らの抗議行動映像がアップされたりしている。撮影していたのが警備当局者（あるいは米軍）である可能性も高い。何ゆえ、またどのようなルートで流出したのか。

反対派住民のテントが襲撃される事件も起きている。もともと住民らの反対運動への警備強化を国会で盛んに訴えていたのは先に記した島尻氏であった。2014年2月の参議院予算委員会で「危険な行為に先んじて対策を打つことが必要ではないか」と海保長官や国家公安委員長らに質問していたが、さすがに「予防拘禁」を許すような言質までは引き出せなかった。けれども、反対運動の現場での警備の対応は明らかに変わっていった。

翁長知事は今月13日、辺野古の埋め立て承認を正式に取り消した。島尻新大臣の就任で、沖縄をとりまく状況は、今後ますます〈戦争が露出してきた〉事態となるのだろうか。最もあってはならないことは、主権者である国民が、無関心、無感覚、精神的な空白に陥ったままとなることである。

●2015.11.5 沖縄の現状を語る例え話

この欄でいまさら記すのも忍びないのだが、僕は沖縄生まれのウチナーンチュではない。北海道生まれの日本人＝ヤマトンチューだ。ただ、ウチナーンチュであろうがヤマトンチューであろうが、非道で卑怯《ひきょう》なふるまいが公然と行われていることに対しては、人としての恥ずかしさを覚えると同時に、持って行き場のないような怒りが自分のなかで沸々とわき上がってくることを抑えることができない。

翁長雄志県知事が辺野古埋め立て申請承認を取り消して以降のこの国の政権の対応ぶりをみて、このように言明せざるを得ないと言っているのだ。これが一つの地方に対して中央政府がやることか？

「琉球処分」という言葉がある。学校の歴史の教科書にも出ている学術用語だ。だが、この用語も所詮《しょせん》は、本土（大和）の立ち位置から使われてきた言葉かもしれない。１６０９年に薩摩藩の軍が琉球王国に侵攻し首里城を占拠した琉球征伐事件をさして第１次「琉球処分」といわれることが多い。

続いて、1872年の廃藩置県で明治政府によって琉球藩が置かれたことをさして第2次「琉球処分」、さらに第2次大戦をはさんで、本土の捨て石として唯一の地上戦として沖縄戦が戦われた後、施政権がアメリカに譲渡され、米軍による実質的な占領を（日本が）甘受したことが、第3次「琉球処分」と呼ばれることがある。

そして1972年、米軍基地の現状を維持したままの本土復帰＝沖縄返還をさして、第4次「琉球処分」と位置づける人々もいる。今、辺野古に新基地を造ることを政権が強行する動きをさして、第5の「琉球処分」という人々がいる。その認識が間違っているとは僕には思えない。

複雑に入り組んで込み入った話を理解するときに、よく例え話が使われる。そうか、そういうことだったのかと納得がいくようなうまい例え話がこの世の中にはあるし、かつてもあった。先人の知恵というのはちゃんと根拠があるのだ。

作家の池澤夏樹氏は沖縄への理解がとても深い人だと僕は思っている。氏はかつて沖縄のことを、「40数人のクラスに戻って来た色の黒い転校生」に例えていた。〈強大な他校との喧嘩《けんか》でこの子を前に出してぼろぼろの目に遭わせ、しかもその後で人質として差し出した。だから（註：転校して）戻ってきても素直に「お帰り」と言えない。まして「ごめん」とはとても言えない。すごく気まずい。気まだけどこの子はおそろしく芸達者だった。歌がうまく、話がおもしろくて、料理の腕もいい。気まずい思いはそのままに、みんなが彼の持つ芸能力に夢中になった。〉（２０１２年5月15日付朝日新聞のエッセー「同級生は怒っている」より）。

旧知の元朝日新聞記者と話していていてとてもわかりやすい例え話を聞いた。47人で山登りをしている。ところが一番後ろでのぼっている新参者のO君に他の登山者の荷物35個分（約75％）を背負わせて皆平気な顔をしてのぼっているのだ、と。そこで今起きていることを例え話にするとどうなるんだろうか。

ここは中学校のクラスだ。O君はいじめられている。O君は転校生だった。いじめているのは、初めはクラスのお金持ちのボンボンを囲む少数のボスグループだったが、誰もが見て見ぬふりをしている。O君が「助けて」とサインを送っても無視される。誰もがそのお金持ちのボンボンの取り巻きグループが怖いのだ。一度、担任の先生に相談したが、彼はボンボンの親とつながっていて、いじめをいじめだと決して認めようとしない。どこかの国の裁判所みたいだ。いじめと断定するだけの客観的証拠がないとかぶつぶつ独り言を言っている。

学級委員長のN君は「いじめをなくそう」と言っていて2期選ばれたが、ついには「いじめなんかなかった。代わりに教室の設備がよくなったじゃないか」と言ってO君を裏切ってしまった。さすがに同級生たちはあきれた。それで新しい学級委員長を選びなおした。O君はやっとこれでいじめがなくなると一安心した。

名護市の米軍キャンプ・シュワブゲート前を通るトレーラーに積まれた辺野古新基地建設の工事用大型機械＝10月30日午前7時半すぎ

ところが、学校の担任は今までどおり「いじめはない」といい続けて、ボンボンの取り巻きグループに対して何もしようとしない。さらには学校の校長や教育委員会まで乗り出してきて、学校の評判が下がるのであまり騒がないでほしいと言い出した。「いいかね、いじめがあったなんて主張する権利はまだまだ未熟な君たちにはないんだよ」。まるでどこかの県の異議申し立てを国同士の大臣のたらい回しで押しつぶしているどこかの国みたいだ。

書いていて気分が悪くなる。話題を変える。

10月に東京都内の小さなギャラリーで、日本の現代史の歩みを考える上で貴重な写真展があった。インドネシアの戦争中の日本軍による性的暴力被害者（いわゆる「慰安婦」を含む）の肖像写真を展示したものだ。オランダの著名な写真家ヤン・バニングさんが歳月を費やしてインドネシアで本人たちの了解を得ながら撮影した写真だ。

2010年に発表されて以来、本国オランダのみならず、インドネシア、米国、ドイツ、フランスで写真展が開催されてきた。大きな評価を得た一連の作品は、アムステルダム国立美術館（Rijksmuseum）でもコレクションとして所蔵されている。すでに撮影後に亡くなった人もいる。カメラのレンズを正面から凝視する彼女たちのその顔の表情から私たちは何を読み取るだろうか。

その写真展が沖縄でも開催されることになった。歴史を改ざんするような不誠実な態度、自分たちに不都合な過去にきちんと向き合うことを避けるような姿勢からは何も生まれない。11月7日から23日まで県平和祈念資料館・海と礎の回廊においてその写真展が開催されるので、お時間のある方はぜひとも足を運んでくださいませ。

●2015.12.24 世界史の中で沖縄の抵抗運動を見る

沖縄にとっての激動の1年が過ぎようとしている。ことしはよく沖縄に足を運んだ。そこで見た風景の意味を自分なりに考えてみた。

11月13日に、パリで凄惨《せいさん》な同時テロ事件が発生した時、僕ら日本人の多くは、なにゆえにこのような理不尽な暴力が、一見平和に見える文明国フランスの「花の都」パリの街中で振るわれなければならないのかと、怒り、悲しみ、嘆き、同情の思いを共有した。僕はパリという街が大好きな人間のひとりだ。平和に生きる権利は誰もが生来持っていなければならない権利だったはずだ。それが一方的に踏みにじられたときの怒りは自然なものだろう。

けれども、その前日にレバノンの首都ベイルートで起きた連続自爆テロ事件で、45人の死者とおよそ240人の負傷者が出た時、僕らはそれをほとんど知らなかった（気にかけなかった）ばかりか、パリの時に世界中から表明された「われら皆フランス人」といった思いと共通していいはずの「われら皆レバノン人」といった連帯の弔意は、想像力の外にあった。そのことをどう考えるか。

命の重さに違いがあるのだろうか？　それとも圧倒的な情報の非対称ゆえの扱いの違いなのか？

文明国のテロ被害は共感を呼び、戦時国、戦時近隣国のテロ被害は日常的なものとして処理されることの本質的な不条理に、僕らはどう向き合ったらいいのだろうか。実は、同じようなことが僕らの国の中でも起こっていないか。

暴力と書くと彼らは反発するかもしれない。ではこのように書くとどうだ。「圧倒的な不可抗力をともなう物理的なチカラ」が眼前で行使されている。それを多くの人々は見て見ぬふりをしている。名護市の辺野古で起きていることを言っているのだ。東京の多くのマスメディアはなかなかそんなことを取材しに行かない。お金がかかることに加え、そもそもそのような事態が想像力の外にもはや押し出されてしまっているのだ。「沖縄の基地反対運動でしょ。またやってるんでしょ。僕らにはあんまり関係ないっすよ」。

本紙・沖縄タイムスをはじめとする地元紙は精力的に現地の模様を取材し続けているが、本来このような状況をつぶさに取材していなければならないはずの地元放送局の一部までがどこか「及び腰」になっていることはないだろうか。

11月23日、24日、25日とキャンプ・シュワブのゲート前と辺野古の海上を取材した。陸上ではなぜか東京の警視庁の機動隊員が警備にあたっていた。沖縄県警からの応援要請があったのだという。県警本部長は県警の警察官の警備の何が不満で応援要請をしたのだろうか？　座り込みや抗議行動を続けているおじいやおばあを含む人々に対して、孫みたいな年齢の屈強の機動隊員が、まるで「粗大荷物」を搬送するように生きた生身の人間の強制排除を行っていた。

僕らは少し離れた位置からカメラマンと共にその模様を凝視していた。彼らはマスメディアにカメラで撮影されていても平気でどんどん排除を続行していた。いや、彼ら自身も排除の模様を小型ビデオカメラで自ら撮影していた。警備はきわめて機械的に情け容赦なく遂行されていた。僕は見ていて何だか吐き気に近い不快感に見舞われた。ひょっとして近い将来、こうした警備にはロボットが導入されるのではないかと、とんでもないことまで考えた。

機動隊員らの宿泊している場所は、辺野古から近距離にある高級リゾートホテルの敷地内だ。情報提供してくれた地元の人の話では、ホテル敷地内の企業の社員研修施設に泊まっているのだという。機動隊員に届けられる弁当が作られている場所まで教えてくれた。

警視庁機動隊員らは、毎朝そのホテルの敷地内からまずキャンプ・シュワブ基地内に「出勤」する。そこから「現場」に出動する。合法的とされる物理的なチカラの行使。その究極的な形が戦争である。戦争では人を殺しても訴追されない。だが、そこで行われていることは、現象的には「人殺し」である。

戦後、僕らの国は憲法9条を保持し、戦争を放棄した。考えてもみようではないか。国の礎たる憲法が蹂躙《じゅうりん》され「戦争をしない国」から「戦争のできる国」へと国のありようが大きく変えられようとした年が今年2015年だったのではないか。その年に沖縄で見えている風景は何かの前触れのような気がしてならない。

座り込みやデモによる非暴力直接行動が社会を大きく前進させたことがいくつかの国の歴史には刻まれている。アメリカの公民権運動の歴史の中で、今からちょうど50年前の1965年3月の「セルマの行進」もそのひとつだ。

黒人差別に対する運動＝公民権運動で、アラバマ州セルマを出発した平和的なデモ隊に対して、州警察がこん棒や催涙ガス、鞭《むち》などで「圧倒的な不可抗力をともなう物理的なチカラ」を無抵抗のデモ参加者に対して行使し、多数の負傷者を出した。多くの人々がこの「チカラの行使」に怒りを抱いた。以降、公民権運動は全米規模で大きな広がりをみせた。このデモ行進がなかったならば、オバマが大統領に選ばれることはなかったかもしれない。

インドのマハトマ・ガンディー率いるインド独立運動のなかでも、多くの座り込み抗議（Sit-in）が行われ、それを警官隊が「圧倒的な不可抗力をともなう物理的なチカラ」を行使して強制排除するなかで多数の負傷者が出た。この非暴力直接行動の歴史は、インドの国立ガンディー博物館に行

米軍キャンプ・シュワブのゲート前に座り込む市民らを排除する機動隊員＝ 12 月 18 日、名護市辺野古

けば、その展示が見られる。独立が勝ち取られ、反カースト制運動や女性教育権の獲得などインド社会に大きな変革をもたらしたのは、座り込みによる非暴力直接行動だった。

沖縄の人々のアイデンティティーを希求する動きは、そうした世界史のなかでしっかりとした位置付けをなされる日が来るに違いない。そう、僕は思っている。もうすぐ2016年がやってくる。

2016年

その訴えから21年。一体何が変わったというのだ。

「中国のスパイ」「売国奴」「琉球人は日本から出て行け」などのヘイトの罵声が浴びせられたことがあった。そんな言葉の悪意が2016年の機動隊員にまで伝染したとは思いたくないが。

沖縄にとって2016年という年は、何とワジワジーすることだらけだったことか。

●2016.1.29 宜野湾市長選、「代理戦争」に市民が嫌気

まさかこの沖縄の地で、みぞれ混じりのこんなに冷たい雨と強風が吹きすさぶ荒天に見舞われるとは思ってもみなかった。「ひょっとしてこれは何かの前触れかなあ?」そんなことを考えながら、めざす取材場所へと歩いて行った。宜野湾市長選挙の夜、お天気としては最悪のコンディションで実施された選挙の投票締め切り時刻が迫っていた。午後8時ちょっと前のことだ。

現職の佐喜真淳候補の選対事務所には、腕章をつけた報道関係者らに加えて、佐喜真候補の支援者らが大勢詰めかけ、入りきれない支援者たちが屋外にはみ出していた。事務所正面の横断幕には「友人・知人・家庭・職場での声かけでアツシ市長の2期目を実現しよう!」とあった。選挙戦で佐喜真陣営は実にきめ細かないわゆる「ドブ板選挙」を行っていた。1期目の実績に加え、若さを強調する選挙戦術をとった。

出陣式の選挙カーを取材していたら、何とディアマンテスの「勝利の歌」がスピーカーから流れていた。街角には空手着姿の佐喜真候補のポスターがあちこちに掲げられていた。「若さと情熱で

ギノワンを変える。今がその時!!」公式ポスターもなかなか手慣れていた。

外は雨と風が一段と激しくなってきた。けれども選対事務所に一歩入るとそこは興奮と熱気に包まれていた。支援者たちは明らかにすでに上気していた。そしてその瞬間を待ちわびていた。午後8時47分。島尻安伊子沖縄担当大臣が登場、「選挙戦の後半、凍える中での皆さんの奮闘に感謝します」と挨拶《あいさつ》した。

続いて午後8時49分、NHK沖縄の開票特番が「出口調査の結果、佐喜真陣営が優勢です」と放送すると、支援者らは早くも勝利ムードに包まれているようにみえた。午後9時に佐喜真候補夫妻が登場すると、事務所内からは淳コールが響き渡った。「アツシ！　アツシ！　アツシ！」

そしてその瞬間がやってきた。午後9時5分。NHK沖縄の開票特番が当選確実を報じると選対事務所からは万歳と歓声がわき起こった。選挙責任者が絶叫していた。「このたたかいは市民の勝利です！　これが民意です！」そしてコールが続いた。「ギノワン1番！　アツシが1番！」

ふと事務所内の横断幕に目がいった。「普天間飛行場の返還　ディズニーリゾート誘致」。この2本のスローガン・セットが民意なのだろうか。万歳！万歳！万歳！事務所の司会者がマイクで叫んだ。「NHKさんが9時22分から生中継に入ります。皆さん、それに合わせてもう一度万歳をやりますから。NHKさん、Q出し（始めの合図）、お願いしますね！」。僕らも含め報道陣が大勢いる中でそんなやりとりも平然と行われていた。

この勝利の熱狂の中で、しかしながら佐喜真陣営が決して、そして実に注意深く、まるで触れてはならない禁忌＝タブーのように語らないことがあった。名護市辺野古の基地建設（普天間基地の移設先とされる）の是非である。確かに佐喜真陣営は「普天間基地の固定化を許さない」という市民の苛立《いらだ》ちを代弁することまではやっていた。実に皮肉なことに、佐喜真陣営のこの立ち位置は、1996年の普天間基地返還合意の「ある種の真実」を語っているのである。

つまり、96年の日米合意では、普天間「返還」は合意されたが、普天間「移設」には言及されていなかったのである。当時のアメリカ側のトップ、駐日大使だったモンデール氏は、去年、日本のメディアの取材に対して、普天間基地返還について「われわれは（移設先が）沖縄とは言っていない」と述べている。もちろん佐喜真陣営の辺野古移設の是非への〈沈黙〉は、辺野古移設を容認、推進する立場を忖度《そんたく》した〈沈黙〉という意味合いがあるのだ。

しかし佐喜真陣営の勝因が「辺野古はずしが奏功した」「辺野古という争点の曖昧化が功を奏した」という分析だけでは、宜野湾市民の選択の意味を言い当てたことにはならないのではないか。僕は今そのように考えている。

今回の選挙は、辺野古移設を推進する政府・与党VS辺野古ノーでまとまるオール沖縄（翁長県政）のあいだの「代理戦争」という側面がある。だが宜野湾市の有権者、市民の立場からみれば、自分たちがこうした大テーマの「代理戦争」の尖兵《せんぺい》とされることに厭戦《えんせん》気分を抱き続けていたのではないか。自分たちの身近な暮らしに関わる争点よりも、ある意味で過大な国家的な争点を背負わされていることに疑問を持ち始めていたのではないか。そんな思いが頭をよぎる。宜野湾市の7万数千人の有権者に、辺野古移設の是非を審判させることのある種の残酷さに想像力を働かせる必要があるのではないか。

宜野湾市長選挙の結果が出た翌日、政府首脳はそろって歓迎の意を表した。選挙前には首相が「安全保障に関わることは国全体で決めることだ。一地域の選挙で決定するものではない」と述べていたが、政府・与党の推した佐喜真市長が再選されるや「オール沖縄という形で沖縄の人がすべて反対のようだったが、言葉と実態が大きくかけ離れていることが一目瞭然となった。（辺野古）移設という政府の基本方針は従来と全く変わらない」（菅官房長官）と翁長知事の政治姿勢を強く牽制《けんせい》した。脅しの言葉に聞こえるのは僕だけではないだろう。

気象庁の観測上では「みぞれ」は「雪」と分類される。だから観測上は沖縄で雪が降ったのは、1977年2月17日の久米島以来39年ぶりのことだそうだ。特に沖縄本島では初めてのことだという。あの投開票日の当日、宜野湾上空のみぞれとともに、何かもっと冷たい何かが僕の心の中に拡《ひろ》がっていた。

●2016.3.8
「和解案」は信用できるか？

和解。愛用している新明解国語辞典によれば「仲直りして争いをやめること」とあった。米軍普天間飛行場移設に伴う名護市辺野古の新基地建設をめぐって、今月4日、にわかに生じた事態。あれは本当に「和解」なのだろうか。

沖縄県はお人良《よ》しにもほどがあるよ。僕は直感的にそう思ってしまった人間だ。そもそも裁判所の異例の和解案にそんなに簡単に乗っていいものだったのか。日本の裁判所が、司法＝法を司《つかさど》る、ものごとの理非を法に基づいて判断するという機能を著しく衰退させてしまった現実を嫌というほど見てきたからか。

僕は、とても残念なことだが、裁判所をあまり信用していない。とりわけ近年の裁判所が示す判断は、行政追随、現状追認の様相が色濃く、官尊民卑＝お上に優しく民に冷たい傾向が強まっているように思う。裁判所と言っても生身の人間たちの集合体だ。

生身の人間だから、裁判官としての立身出世だの、家族の教育環境だの、給与だの僕らとあまり変わらない欲望を持っている人々から成り立つ。だから当たり前だが、司法府の組織としての自己防衛本能のような原理が働き、その時々の政治状況に敏感に反応するし、強い政治権力への忖度《そんたく》も存在する。

福島第1原発事故の起こる前に提訴されたほとんどの原発関連訴訟は、丸めて言えば「原発は安全です。電力会社の主張は妥当です」と日本の裁判所は判断し続けてきた。原発推進という国策を追認どころか推し進めてきたともいえる。原発の危険性を訴えた民の声を押しつぶす機能を担ってきたのだから。

僕自身も原告の末端に名を連ねた「沖縄密約情報開示訴訟」の最高裁判決と言ったら、これ以上ひどい中身はないというほど無残な内容だった。密約文書は外務省内で探したけれどもないものはないんだから、あんたら提訴した人間が自分たちで、あったことを証明しなさい、とばかりのひどいもの言いだった。密約文書の存在の立証責任を原告側に丸投げしたのだ。

日本政府も外務省も、沖縄返還にともなう密約は「ない」「ございません」と長年国民に嘘《うそ》をつき続けていた。それが民主党政権下の有識者委員会の調査で一応「あった」ことになった（もっともあの調査も随分とお粗末な点があったのだが）。

アメリカ国立公文書館では沖縄返還時の日米密約を裏付ける文書が公開されているのに、日本の外務省内にはいまだに「ない」ことになっているのだ。外務省は、沖縄返還に関する佐藤・ニクソン直筆署名入りの密約文書さえ「公文書」扱いしていない始末だ。後世の人々は何と思うだろうか。

今回、裁判所が示した暫定和解案も全文が公開されてはいない。不可解なことに、裁判所は、県と国双方に和解案の内容を公表しないように要請していた。以下のような要旨だけが公表されている。①国、県双方の訴訟取り下げ②埋め立て関連工事の中止③国による埋め立て承認取り消しの是正指示④県による是正指示取り消し訴訟の提訴⑤国と県は円満解決に向けた協議を実施⑥国と県は、確定した判決に従い、互いに協力して誠実に対応することを確約。

要するに、全くの仕切り直しである。翁長知事が埋め立て承認取り消しをした時点にまでプレイバックして、そのあとは、国に代執行という強権的な手続きを取らせずにデュープロセスを踏ませるということだ。是正指示取り消し訴訟で県が勝訴する可能性は高いか？　僕はそうは思えない。

1番重要なことは⑥の「判決に従うという確約」だ。もし仮にここで県があくまでも辺野古での新基地建設阻止の態度を貫こうとしたならば、国はかさにかかって「判決に従うという確約」を盾に徹底的な弾圧に出てくる恐れがある。悲しいことに、一部の為政者は、判決とか法律を自分たちの意思を通すための「道具」としてしか考えていないものだ。それを見越して、忖度して、裁判所が乗ってきやすい「和解」案なるものを用意するという構図。そんなふうでなければいいのだが。

去年の安保法制の国会審議の際、参議院の中央公聴会で、集団的自衛権容認が合憲だというアクロバティックな解釈を意図する人々のことを「法匪《ほうひ》」と呼んだ人物がいた。元最高裁判事の濱田邦

辺野古訴訟の和解案受け入れ表明を受け、安倍晋三首相（右）
と握手を交わす翁長雄志知事＝３月４日午後、首相官邸

夫弁護士だ。「法匪という言葉がございますが、法文そのものの意図するところとはかけ離れたことを主張する、悪《あ》しき例である」「とても法律専門家の検証に堪えられない」と断じていた。僕はそれを聞いていて本物の司法官を見たような思いがした。かつては最高裁にもこのような人材がいた。

視界を少し広げてみよう。「放送法」というテレビ局やラジオ局の放送の自由と自律、独立をうたった法律を、いつのまにか「取り締まり法規」のように読み替えて、メディア規制に使おうとしている為政者と役人たちがいる。「法匪」の跋扈《ばっこ》する時代に僕らは生きている。そういう状況のなかで、一体どこまで裁判所を信用できるか。

沖縄在住の友人・知人たちにこの「和解」の件について話を聞いてみたが、「県議選やら参議院選の選挙対策でしょ」「国側が負けそうになったから和解に乗ってきたんじゃないの」「沖縄側の民意の勝利さ」「工事が止まること自体はいいことでしょ」と、なぜか楽観的な声が多く聞こえてきた。でも僕は思う。本当にこれは「和解」なのかと。あとから振り返ってみて、あの時の「和解案」が引き返し不能の地点だったのか、とならないことを祈るばかりだ。

翁長雄志知事が去年末に出版した自伝的著書『戦う民意』にこうあった。「生身の人間である私たちは、これからも場合によっては木の葉のように舞い散るかもしれません。しかし、それでも私たち責任世代は、自分の姿を伝えて、子や孫の世代に勇気と誇りと自信を持ってもらいたいと思います」。ああ、ワジワジーする。無性に沖縄そばが食べたくなった。「和解」はそれを食べた後に、また初めから考えることにしてはどうか。

●2016.4.13 目取真氏拘束の「不条理」

去年公開され多くの観客から高い評価を得たジャン・ユンカーマン監督の映画『沖縄 うりずんの雨』(キネマ旬報の文化映画部門第1位、毎日映画コンクールでドキュメンタリー映画賞受賞など)のなかで、とても印象深いシーンがある。

2004年8月13日、在沖米軍・海兵隊のヘリコプターが沖縄国際大学に墜落した。普天間飛行場の危険性をまざまざと見せつけた大きな事故だった。その際、米軍は事故現場を一方的に封鎖して、沖縄の警察・消防・行政・大学関係者および報道機関を一切締め出すという挙に出た。銃で武装した米兵が、構内に入ろうとする大学職員や記者らを威嚇して追い払った。その光景をみて、沖縄在住の政治学者ダグラス・ラミス氏が映画の中でこう呟《つぶや》いていた。

〈18歳か19歳のガキンチョたちが、海兵隊の軍服を着て、自分たちより年上の報道陣に向かって大声で命令し、勝手に外国の領土に入り込んで人に命令する権威をもっているかのように振る舞っている。子どもだ。……すごい光景だ。同じことを日本の本土や、ドイツ、イタリア、英国でもやるかどうかはわからない。やらないんじゃないかと思う。……沖縄では確実にやる。〉

世界史的に言うと、これは「植民地」でよくみられた光景だ。自分たちがその場所を占領していることを武力を誇示しながら正当化する。それに対して、もともとその地に住んでいた人々は、抗議し、抵抗し、ついには自分たちの土地・領土・海域を取り返す運動が巻き起こるという歴史が繰り返されてきた。

言うまでもないが、沖縄国際大学の敷地は米軍敷地ではない。しかし事故発生時といういわば非常時には、彼らの本音が露呈する。沖縄は自分たちが第2次大戦を通じて分捕った「戦利品」なのだ、とでも言いたいかのように。2001年の米同時多発テロ事件直後にも、沖縄の米軍基地のゲートでは武装した兵士の銃口が沖縄県民に対して向けられていた。沖縄の悲しい、しかし確実に可視化されてきた歴史の断面だ。

4月1日の午前、芥川賞作家の目取真俊氏が、大浦湾でカヌーに乗って、辺野古への新基地建設に反対する海上抗議行動を行っていた際、米軍の軍警察に刑事特別法（刑特法）違反容疑で身柄を拘束されるという事件が起きた。目取真氏は、カヌー隊と呼ばれる抗議グループの一員で長らく海上抗議活動に参加してきた。警備当局にも顔も名前も知られた人物だ。

その日の午前もカヌー隊が大浦湾に入る際に、いつも通る海域からフロート（浮き）を越えて抗議を行っていた。とりわけ3月4日の国と県の「和解」以降は、海上保安庁の規制がかなり軟化して、フロートを越えて抗議行動を行っても海保は全く黙視していたという。その日以前にも同様の活動をしていたが軍警察は何も言ってこなかった。

ところがその日に限って、軍警察は急接近してきて、陸の上に引きずっていき目取真氏の本名を呼んだのだという（以上は、目取真氏本人および目撃者の証言等による）。その後、目取真氏は、キャンプ・シュワブ内の軍警察の施設らしい場所に8時間以上拘束され、外部との交通も一切遮断されたまま放置状態にされていた。弁護士との接見もできないまま、その後、中城海上保安部に身柄を引き渡されたという。

この事件の大きな特徴は、海上抗議行動に対して米軍当局が直接取り締まりに乗り出してきたことだ。海上の警備は一義的には、逮捕権をもつ海の警察＝海上保安庁がその任に当たってきた。ところが今回は海保が黙って見ていて軍警察が前面に乗り出してきた。さらにはどうやら目取真氏を狙い撃ちした可能性がある。

世界史を顧みるとき、「植民地」においては、傀儡《かいらい》政権や、傀儡勢力のごときものが常に生まれてきて、宗主国のために精勤奉仕する働きをしてきた。僕は20世紀以前の歴史のことを言っているのだ。けれども、そんなことを考えていたら、21世紀の沖縄においても、公約をかなぐり捨てて国の埋め立て申請を承認した前知事や、所属政党を転々と変えながら基地建設推進に転じて笑顔を振りまく沖縄県選出の政治家の姿が思い浮かんできてしまった。

軍警察の今回の動きに、非常に捻《ね》じれた感情のようなものを感じ取った人は多いかもしれない。彼らは誰のために何をどこから守っているのだろう、と。翁長雄志県知事が、今回の出来事について「理不尽」という言葉を使ったことの重みを考えている。

最近すばらしい映画をみた。アメリカのダルトン・トランボという『ローマの休日』などを世に送り出した天才的映画脚本家の伝記ストーリーなのだが（日本では7月公開予定だそうだ）、アメリカの赤狩り時代にハリウッドを追放され獄中に送られ、その後奇跡の復活を遂げた歴史上特記されるべき人物だ。

映画のなかで、彼が戦争中、沖縄で従軍記者をしていた云々《うんぬん》と話すくだりがあった。それで彼の伝記を調べてみたら実に興味深い事実がわかった。彼の生涯を通じた反戦思想を培う大きな契機となったのが、第2次大戦末期、従軍記者としてフィリピンやインドネシア、そして硫黄島と沖縄で戦争の悲惨な現実を目の当たりにした実体験があったのだ。沖縄戦の記憶は世界の記憶を形作っている。傀儡にはそのことが決して見えないだろう。

釈放後、逮捕された時の状況を説明する芥川賞作家の目取真俊さん＝4月2日午後7時半ごろ、沖縄市

●2016.5.25 悲劇再び　何が変わったというのか

よくよく考えてみると、異常だし、決して通常ではないし、正当な理由が見当たらない理不尽きわまりない状態であっても、それがあまりにも長く続いてしまうと、そのこと自体にしだいに感応しなくなり、ああこれが普通のことなんだという麻痺《まひ》状態に陥るのが私たち人間の悲しい性《さが》だ。

たとえば、百年ほどの近現代の歴史を振り返ってみても、いわゆる先進国においてさえ、女性に参政権が認められていなかったり、人種差別が制度化され、有色人種が入れないレストランや、黒人が乗れないバスや列車があったりした。さらには、奴隷制が当たり前のように存在していたり、植民地が世界各地にあって、宗主国の人間たちが、植民地の人間たちを「二等国民」扱いするような差別的な振る舞いを当たり前のように行っていた。

インド独立の父と言われるガンジーは若い頃、南アフリカの駅で乗車券を購入し、列車の1等席に乗車しようとしたら、駅員につまみ出され、荷物もろともホームに放り出された経験があった。1903年に大阪で開催された内国勧業博覧会の「学術人類館」で、異民族のサンプルということで「琉球人」が生きたまま展示されていた。これらは今からみれば随分と異常なことである。だが一定の時間続くとそれが普通になる。

それで問いかけてみる。そもそもアメリカという国は、21世紀の今に至るまで、何だって自分の国の外の、別の国々の領土に軍事基地を持っているのか？ なぜそれが当たり前のようなことになっているのか？ それを今の日本という国でみたとき、なぜ独立国である自分たちの国の領土に外国の軍の基地が当たり前のように居すわっているのか？ 僕らはそれをなぜ当たり前のように受け入れているのか？

ウオーキングをしていた沖縄の20歳の女性が、見ず知らずの男に、いきなり襲われ、凌辱《りょうじょく》され、殺害され、その遺体を雑木林に捨て去られるむごい出来事が起きた。発見された遺体は損傷が激しく言葉を失うような状態だったという。

その男は、沖縄に当たり前のように居すわっている米軍事基地の海兵隊員だった男で、今は除隊して軍の基地内で軍属として働いているアメリカ人だった。逮捕連行される際のテレビ映像をみると黒人兵だったことがわかる。どのような人生の来歴を、アメリカや海外の戦場でたどってきた人物なのだろうか。

被害者の無惨《むざん》な遺体が見つかった場所に足を運んだ。鬱蒼《うっそう》とした恩納村の森があった。こんなところに捨てられていたのか。言葉にできない感情に支配された。「基地がなければこんなむごい出来事は起こらなかった」というのは論理的に正しい。

実は、僕は1995年に沖縄で起きたもうひとつの悲しい事件のことを思い出していた。あれも実にむごい出来事だった。日米地位協定でまもられた海兵隊員3人の身柄を米軍当局は沖縄県警に引き渡そうとしなかった。沖縄県民の怒りは沸点に達して、8万5千人の県民抗議集会が開催された日に、当時、普天間高校3年生だった女性が次のように訴えた。「私たちに静かな沖縄を返してください。軍隊のない、悲劇のない、平和な沖縄を返してください」

その訴えから21年。一体何が変わったというのだ。日米地位協定はどうだ？ あの95年の事件が直接的なきっかけになって、普天間基地の返還を、当時の橋本龍太郎首相とモンデール駐日大使が合意して大々的に記者会見したのは翌96年のことだった。けれども、あれだって冷徹に考えてみれば、沖縄県民の反米感情・反基地感情を押さえこむために、当時の橋本内閣が、大田昌秀県知事らが策定していた「基地返還アクションプログラム」の最優先項目を借用しただけのことだったのではないか？

世界一危険な米軍基地・普天間の移転が「はじめにありき」というのはウソである。1995年の出来事があって、沖縄県民の怒りの声をおそれたからあのような「成果」が必要だったのだ。

先週、訪米した翁長雄志沖縄県知事と会談したモンデール氏は、その当時のいきさつについて本紙の取材に対し「ハシモトが電話で『普天間を閉鎖したい。手助けしてくれないか』と聞いてきた。

うるま市の女性遺体遺棄事件を受け、無言で抗議の意思を示し行進する集会参加者＝5月22日、北中城村石平・キャンプ瑞慶覧前

その日の午後にペリー国防長官に電話で打診したところ『よし、やろう』と言ってくれた。2日間で大枠をまとめた」と証言したそうだ。橋本首相の言葉には「移設」の言葉は見当たらない。だとすれば、辺野古に新基地をつくらせようとしている真の主人公は誰なのか。もうそろそろ気づいてもいい頃だろう。

伊勢志摩サミットと、それに続くオバマ大統領の歴史的な「広島訪問」を前に、今度の出来事は「最悪のタイミング」で起きたと評論するコメンテーターや記事にこれでもかというほど接した。何とも言えない不快感がこみ上げてくる。これらの人々にとっては、政治日程をそつなくこなすことの方が、ひとりの人間の生命が理不尽に奪われたことの意味を考えることよりもはるかに重要だと言わんばかりだ。

かつて沖縄サミットの際に平和祈念公園を訪れたビル・クリントン大統領（当時）は、沖縄のことを「太平洋の要石」とさらりと言ってのけた。その「要石」の立場を強いられている沖縄の社会で、どのような出来事が起きているのかに微塵《みじん》たりとも想像力も働かせまいとするチカラが働いているかのようだ。オバマ米大統領は、何も個人的な遺産づくりのために広島を訪問するのではあるまい。広島と同じ比重で、もうひとつの不条理の地、沖縄をいつの日か訪問されてはいかがか？

そのためには、沖縄の置かれている理不尽な状況について、僕らはもっともっとアメリカに伝えなければならない。あなたの国の軍事基地は沖縄の地元の人々からは、もはやのぞまれていないのだ、と。

●2016.7.4
NHKが「県民大会」と報じない訳

6月19日のお昼すぎ、那覇市の奥武山公園陸上競技場には、猛暑にもかかわらず、おびただしい数の人々が集まっていた。この日の最高気温は32・6度、湿度は65％、南風がわずかに吹いてはいたが、芝生の上でさえ照り返しがひどくて、まるでフライパンの上にいるような暑さだった。

さらに陸上競技用のラバーが敷き詰められている場所は、40度をはるかに超えるような「ホットスポット」になっていて、そこだけグラウンド上にぽっかり穴があいたように人がいない。あとはびっしりと人、人、人。「ウチナンチューはね、普段はこんな一番暑い時間帯にわざわざ表に出てくることはやらないさ」。古くからの沖縄の友人が解説してくれた。

主催者側が発表している正式な大会の名称は「元海兵隊員による、残虐な蛮行を糾弾！　被害者を追悼し、海兵隊の撤退を求める県民大会」だ。長ったらしいから僕ら報道陣のあいだでは「県民大会」と言いあっていた。それが一部で異変をきたしていたことを僕が知ったのは、その日の夜になってからだ。

午後2時から始まった大会のステージ冒頭を飾ったのは、古謝美佐子さんの歌「童神」だ。古謝さんが三線を自分で奏でた。すばらしい歌と演奏だった。

暑き夏の日は　涼風《すずかぜ》を送り
寒き冬来れば　この胸に抱いて
イラヨーヘイ　イラヨーホイ
イラヨー　愛《かな》し思産子《うみなしぐゎ》
泣くなよーや　ヘイヨー　ヘイヨー
月の光浴びて
ゆーいりよーや　ヘイヨー　ヘイヨー
健やかに　眠れ

犠牲者への哀悼の意をこめて歌ったのだと古謝さん自身から聞いた。大会の流れが明らかに変わったと思ったのは、「若者からのメッセージ」というパートに入ってからだ。なかでも玉城愛さん（名桜大学学生）の言葉。〈安倍晋三さん。日本本土にお住まいのみなさん。今回の事件の「第2の加害者」は、あなたたちです。しっかり、沖縄に向き合っていただけませんか。〉

時折涙を流しながらの訴えだった。僕の横にいた女性は涙をぬぐい続けていた。「シランフーナー（知らんぷり）の暴力」とは、以前に知念ウシ氏が言い当てた言葉だが、玉城さんの「第2の加害者」はその延長にある言葉だと思う。その後に登場したSEALDs琉球の元山仁士郎さんらの訴えも「自分のことば」で必死に訴えていた。借り物ではない「自分のことば」。若い世代の「自分のことば」がこの日の県民大会を特徴づけていた。

その異変を教えてくれたのは例によって古くからの沖縄の友人だった。NHKがこの日のニュースで「県民大会」という言葉を執拗《しつよう》に避けて「大規模抗議集会」という言い方をしているのだという。実際に確かめてみると、何と本当にNHKだけが当日の県民大会のことを「大規模抗議集会」と放送しているではないか。ええっ？　何があったのか。ちょっと前まではNHKも「県民大会」と言っていた。5月23日のNHKニュースを調べてみたら、ごく当たり前に県民大会と言っていた。〈沖縄の……事件を受けて、沖縄県議会与党会派や市民グループなどで作る団体は、来月19日に県民大会を那覇市で開くことを決め、数万人規模の参加を目指すことにしています。〉

それが「大規模抗議集会」とは。出来事を矮《わい》小《しょう》化して報じる狡猾《こうかつ》さを感じ取った人も多い。僕も記者の端くれなので、何があったのかをいろいろと調べてみた。すると複数の知人が、6月15日放送の「クローズアップ現代＋」をみてください、そこにヒントがありますよ、と言うのだ。『沖縄　埋もれていた被害　米軍属女性殺害事件の波紋』という今回の事件をテーマとした内容で、女性キャスターの嘉手納基地ゲート前からの中継や沖縄放送局記者の解説もまじえたものだった。

これまで沖縄で繰り返された米軍がらみの事件をふり返り、日米地位協定の問題点にまで踏み込もうとした取材が積み重ねられていた。よくまとまっていた。ところが番組終盤になって、構成上いかにも不自然な部分が唐突に出てくるのだ。それは政治部記者の解説なのか何なのかよくわからないリポートだった。その内容は、政府・外務省は、地位協定の見直し機運に懸念を持っており、抜本的な改定は実現までに時間がかかるから現実的ではない、改定は現状ではむずかしい等と、まるで政府側の代弁のようなコメントを一方的に述べていた。

NHKには試写という放送内容を事前にチェックするシステムがあって、この回の時も、何度目かの試写でNHK政治部がこれを入れろと無理やりねじ込んできた結果、例の部分が他の取材部分をカットして入れさせられたのだという。そして、県民大会の直前に、同様のことが起きた。県民大会の語は使うな、と。

NHKでは近年、沖縄の米軍基地に絡んだニュースや特集が放送される際には、必ずと言っていいほど、東京の政治部による実質的な内部統制=検閲に近いことが行われているのだという。過去の「NHKスペシャル」や旧「クローズアップ現代」でもそうしたことがあったという（具体例も知ったが字数の関係で書けない）。沖縄報道におけるNHK政治部の内部統制機関化。一体何のためにそのようなことが起きるのか。

元米海兵隊員の軍属による暴行殺人事件被害者に黙とうをささげる県民大会の参加者＝6月19日午後、那覇市・奥武山運動公園陸上競技場

６月23日の慰霊の日、沖縄全戦没者慰霊式にＮＨＫ籾井勝人会長が参列していた。僕も取材でその場にいたので、あいさつがてら籾井会長に「なぜ県民大会という言葉をＮＨＫのニュースでは使わないのですか」と直接聞いてみた。「ええ？　何の話かわかんない」と逃げも隠れもせずに答えてくれた。籾井氏は本当にそのことを知らなかった。

今のＮＨＫでことが起きるたびに籾井会長から圧力・指示があった云々《うんぬん》と言われることが多い。しかし沖縄がらみのニュースについて言えば、実際には、最高権力者の地位、権限を利用した、むしろＮＨＫよりも政治権力そのものに近い小官僚、自発的隷従者たちが、権限をふるって、あれをするな、これはマズい、ここはこう変えろ等と命じているのである。僕はハンナ・アーレントのいう「凡庸な悪」のことを思い出しながらこれを記している。このことは何もＮＨＫだけに限ったことではない。

●2016.8.3
理不尽な、あまりに理不尽な

長年、テレビ報道の仕事をしているが、胃液がまさに逆流する思いをすることがまれにある。嘔《お》吐《と》感。出来事の進捗《しんちょく》のあまりの理不尽さに吐き気を催すのだ。

相模原市の障がい者施設で起きた大量殺人事件の直後の現場に足を運んだ時もそうだった。本来、助けを必要としている重度の障がい者を、この施設につい最近まで勤務していた26歳（事件当時）の元職員が深夜施設に侵入し、明確な殺意をもって約50分間に45人を次々に襲い19人を殺害、27人に重軽傷を負わせた。なぜこんな理不尽なことが起きたのか。「障がい者はいない方がいい」。ゆがんだ思い込みと残忍な暴力。この出来事の意味を僕らは時間をかけて考え続けなければならない。

だが、これから書くのは、この事件のことではない。この事件の約2週間前、7月11日の未明から東村高江で起き続けている出来事のことを記す。

その前夜、僕は参議院選挙の投開票の取材で那覇市にいた。島尻安伊子沖縄担当大臣の選対事務所に詰めていたのだ。参議院沖縄選挙区でどのような民意が示されるのかに全国が着目していた。島尻選対事務所には、支持者・運動員に加えて、多くの報道関係者が陣取り、ピリピリと張り詰めた空気が漂っていた。

選対事務所の1人の男性が「ここに荷物を置くな」「ここには入るな」などと報道陣に対して神経質な対応を繰り返していた。午後8時、投票終了と同時にテレビ局各社と地元2紙が一斉に伊波洋一候補の当選確実の速報を打った。現職の島尻議員の落選が決まった瞬間だ。テレビ画面をみていた島尻氏は、支持者に頭を下げ、その後報道各社の共同インタビューに臨んだが、政治家としての再起を期す意思が読みとれた。

その後、僕らは伊波候補の選対事務所に向かったが、そこはお祭り騒ぎになっていて、僕らが到着したその瞬間にカチャーシーが始まったところだった。まさにその頃に、〈彼ら〉は高江の県道に向かうために装備などの用意をすべて整え終わって、午前2時の起床時刻にあわせて睡眠をとっていたのだ。

僕らは残念なことに高江の現場にはいなかったのだが、午前5時にヘリパッド着工のための資材搬入がスタートした。参院選の結果が出てからわずか9時間後のことだ。沖縄県には何の連絡もなかった。翁長雄志知事は「選挙で民意が示された数時間後に、用意周到にこういうことをやることは容認できない」と報道陣に語った。

このタイミング。まるで島尻議員落選を見越しての〈仕返し〉のような冷徹な意図を感じ取った人は多かったのではないか。沖縄の民意がどんなに示されようと、国は「整斉とやっていく」（7月22日、中谷元・防衛相の発言）。「整斉」とは聞きなれない言葉だ。辞書で調べてみたら「整えそろえる様子」とあった。〈彼ら〉にとっては、住民など「整えそろえる」対象にしかすぎないのだろうか。

この防衛大臣は県に何ら連絡をとらずに資材搬入を始めた理由を問われた時こう答えた。「資材

ヘリパッド建設工事着手に抗議する住民らと機動隊員の小競り合いが続き騒然とした高江の米軍北部訓練場Ｎ１ゲート前＝７月 22 日、東村

搬入につきましては、準備を進めてまいりました。その準備が整ったということで、11日から作業を行ったということでございます。……いずれに致しましても、訓練場の返還は急がなければなりませんので、実施させていただいたということでございます」

何を言っているのかというと、つまり県なんか無視していいのだ、こっちは何が何でも「整えそろえる」んだから、と。こういう人物が防衛省のトップなのである。準備が整ったんだからやるのだと。沖縄防衛局は、その後、現在は中断している名護市辺野古の移設工事についても再開の意向を示し、7月22日の午前6時には、2年間中断していた高江のヘリパッド工事に着工した。

僕はこの時はアメリカ大統領選挙の共和党大会の取材で国外にいたのだが、現場は大混乱となっていたようだ。畏友・三上智恵さんがネットにアップしてくれた動画などからも、その混乱ぶりが伝わってきた。アメリカの小さな町のホテルでそれらの動画をパソコンでみながら、こんなことがアメリカで起きたらどうなることだろうと思った。おそらく議会やメディア、それに住民らが一斉に動きだして警察の警備の正当性が問いただされただろう。

工事着工に反対する無防備の市民ら200人に対し、全国から動員された機動隊員500人が片っ端からごぼう抜きにしていく。防衛大臣の言うように「整えそろえた」のだろう。かなりの手荒さだ。顔面にパンチを繰り出している機動隊員もいた。市民の側に複数の負傷者が出た。県道70号線が10時間も封鎖されていた。そこに近づく者には検問が実施され免許証の提示が求められた。

検問自体が抗議行動に対する明確な妨害になっていて、それ自体の合法性が問われるのではないか。

そう、まるで〈戒厳令〉のような状態がそこにあった。警察法2条にはこう記されている。〈憲法の保障する個人の権利及び自由の干渉にわたる等その権限を濫用することがあってはならない〉。なぜこんなことが沖縄でなら許されるのか。その根底に〈植民地〉に対処するような本土の対沖縄政策があるのだと、僕は思っている。

今話題のスマホのゲーム「ポケモンGO」について、糸満市摩文仁の平和祈念公園や沖縄戦の戦跡、あるいは御嶽《うたき》などが、プレイの場に設定されていることがわかって、死者の尊厳やその場所がもつ歴史的な意味を損なうとの批判が出ている。

ならば高江で実際に行使されている物理的な警察力についてはどうなのか。住民の平和に暮らす権利や自然をまもりたいと思う願いを損なっていないのか。高江で起きていることへの本土の無関心ぶりは、僕には、まるで高江でポケモンGOに興じていることと同義のように思えるのだ。胃液が逆流しそうだ。

●2016.9.2
目覆う無法状態　司法も機能せず

沖縄で目を覆いたくなるような無法状態が横行している。僕は、遠く離れた本土(東京)から、時折、現地に取材に向かうとはいえ、基本的にはそのひどい状況を手をこまねくように眺めているに過ぎない。だから、沖縄の地元紙にこんな文章を書いていることがつらくなる。無法状態はどこで起きているのか。実は、沖縄の米軍基地の存在そのものが、無法状態を招いている根源的な問題としてある。だが、ここではそれについては触れない。紙面が足りなくなるから。

まず、東村高江の米軍ヘリパッド建設現場周辺で起きている無法状態から記そう。これは一体何なのか。島尻安伊子・沖縄担当大臣が落選した7月10日の参議院選挙の投票締め切りからわずか9時間後、夜明けとともに高江N1ゲートからの資材搬入が始まった。周到に準備されていた動きだ。沖縄県民の民意が選挙を通じてどのように示されようが、そんなことは知ったことか、米軍ヘリパッド建設は至上命令だ、とでも言わんばかりの露骨なタイミング。島尻氏を大差で破った陣営は祝勝気分も吹っ飛んだことだろう。こういうことを狙いすましたように実行する冷厳さは、戦後歴代政権の中でも突出しているのではないか。

7月22日には、N1ゲート付近にあった反対派住民のテントや車両等を、機動隊を導入して強制排除した。その機動隊員は約500人が、東京の警視庁、千葉県警、神奈川県警、愛知県警、大阪府警、福岡県警から派遣されてきている。通常は、沖縄県公安委員会からの援助要求という形式だけでもつけるものだが、今回の場合、県公安委の会議は全く開かれていない。そのことを市民団体などから追及されると、県公安委は「持ち回りで決めた」と釈明するありさまだ。

「持ち回り」の証左として、7月12日付県公安委の「警察職員の援助要求について」なる文書が存在するが、何とその前日の11日付で、警察庁から、警視庁や各県警本部あてに「沖縄県警察への特別派遣について（通知）」という文書が出されていたことがわかっている。「沖縄県公安委員会から関係都道府県公安委員会あて要請が行われる予定であるが、派遣期間及び派遣部隊については次のとおりであるから、派遣態勢に誤りなきを期されたい」。これはどういうことか。

県公安委の要請に基づくどころか、実際は警察庁＝国が主導して派遣を決めてしまっているということだ。警察法第60条にはこう定められている。〈都道府県公安委員会は、警察庁又は他の都道府県警察に対して援助の要求をすることができる。2　前項の規定により都道府県公安委員会が他の都道府県警察に対して援助の要求をしようとするときは、あらかじめ（やむを得ない場合においては事後に）必要な事項を警察庁に連絡しなければならない。〉一体どこに警察庁が先回りして援助の要求を前提に準備してもよいなどと記されているか。県公安委など警察庁の出先機関みたいなものということか。法の趣旨を逸脱していないか。

そのようにして派遣された機動隊員らのヘリパッド建設現場付近での警備活動のありようが酷《ひど》い。何の根拠も示さずに生活道路である県道70号線を閉鎖し、通行止めにしている。反対派市民らに対する物理的な力による規制のありよう（老人や女性にけが人も出ている）に加えて、取材活動にあたっていた本紙・沖縄タイムスの記者や琉球新報の記者らを強制排除し一時的に身柄を拘束した。由々しい取材妨害である。その際の動きは動画でも撮影されている。

新聞労連は「現場で何が起きているのかを目撃し伝えることは、地元紙はもとより沖縄で取材活動を続けている全ての報道機関にとって大切な使命だと考える。実力行使で報道を妨害する行為は、絶対に認めるわけにはいかない」として抗議声明を出した。

反対派の中から逮捕者も出ているが、その逮捕自体が違法性を疑われている。7月22日の強制排除では、ある機動隊員が反対派の顔面を正拳で殴っていた。同じことを反対派が機動隊員に対して行えば公務執行妨害で確実に逮捕される。つまり「上から」お墨付きをもらった「物理的な力の行使」はやりたい放題ということか。これでは組織暴力団員と変わらないではないか。

誰がそれを指示して、そのようにやってもよいと黙認しているのか。最近アメリカでは、無抵抗な黒人男性を警察官が射殺したことなどから各地で暴動が発生した。警察の活動のありように国民

ヘリパッド建設工事着手に抗議し、機動隊に排除される座り込みの市民＝7月22日午前、東村高江

の側からチェックが働くのだ。No Justice No Peace.（正義のないところに平和は来ない）。アメリカ社会には辛うじてそれがコンセンサスとしてある。高江には、ない。

高江における「無法状態」について記してきたが、これらの出来事は、本来の司法の機能が健全に働いていれば、何らかの歯止めが作用するものである。警察も検察も、大きな意味では、法をつかさどる職業だったはずである。そして裁判官は「司法」の最たる守護者だったはずである。

だが、現実はどうだろう。福岡高裁那覇支部を舞台に、辺野古の埋め立て承認取り消しをめぐって、国が沖縄県を訴えた違法確認訴訟が8月19日に結審した。国と県が互いに相手を訴えあい、裁判所が異例の「和解」を呼びかけ、それに双方が乗った形が無残にも崩壊し、今度は国が県を訴えなおすという異常な経過をたどってきた裁判だ。

法廷では、裁判長が翁長知事に対して「県が負けて最高裁で判決が確定したら取り消し処分を取り消すか」とただしたそうだ。審理中に、まるで県が敗訴することを前提にするかのように、最高裁の確定判決に従うかどうかを質問したのだから、ユニークといえばユニークな裁判長である。判決はこの裁判長によって9月16日に言い渡される。

司法が機能しない国は無法がはびこる。無法状態にある沖縄を僕らは遠くから傍観しているだけでよいはずはない。

●2016.9.27
あまりにひどい辺野古判決

「政府が右というものを左と言うわけにはいかない」。かつて物議を醸した籾井勝人NHK会長の発言だ。報道機関の独立性への理解を欠いているとして、当時一斉に批判を浴びた。だが、いやしくも国の司法を担う裁判所ともなれば、国が右と言っても、それが法と真理に照らして、理がなかったならば、絶対に右と言ってはならない。

司法の独立、三権分立は民主主義社会の礎であり、それがくずれる時、次にやってくるのは行政権力が突出した独裁社会である。裁判所も議会も独裁権力の追認機能しか果たさなくなる。現にナチス政権下では、裁判所も議会も学者も新聞も、ヒトラーの隷従者となった。もちろん戦時中の日本もそうだった。

9月16日、福岡高裁那覇支部でいわゆる「辺野古訴訟」（違法確認訴訟）の初の司法判断が下された。判決要旨を読んで、僕は冒頭のNHK会長の言葉を思い出したのだ。こりゃあひどいや。ここまで司法の範囲を逸脱した独断的な文章というのも珍しいのではないか。特筆すべき行政隷従例として、そう遠くない未来に、法律家のたまご向けの教科書にも載るのではないか。「あの時代にはこんな判決文を書いた裁判官がいたのですよ」と。

判決は、国側の主張をすべて受けいれ、県側の主張をことごとく否定した。判決で特徴的なのは、前知事が行った辺野古の埋め立て申請承認に不合理な点があったかどうかを述べれば済むものを、裁判所がさらに踏み込んで判断を示している点だ。すでに多くの法学者らが批判・疑義を表明している。

だが、それ以上に僕が強調したいのは、そもそもこの裁判は、法廷の成り立ちからして果たして公正なものだったのかどうかをきちんと検証する必要があるという点である。端的に2点、指摘しておこう。まず、この法廷の最終的な裁判官の構成に至るまでに、不公正を疑われる点はなかったか。裁判官の着任、異動に不自然な点がないか。

裁判長の多見谷寿郎氏は、国が代執行訴訟を提起したわずか18日前に福岡高裁那覇支部へと異動してきた。それまでは、東京地裁立川支部の部総括判事をわずか1年2カ月という短期間つとめていた。前任者の須田啓之氏はわずか1年しか那覇支部長に在任していなかった。須田氏は、C型肝炎訴訟などで国の責任を厳しく糺《ただ》してきた判歴をもつ人物だった。通常の裁判官の任期が3年といわれるなかでは、これらは異例の慌ただしい異動である。

さらに右陪席の蛭川明彦氏。那覇支部には昨年4月に来た。前任地は、多見谷氏と同じ東京地裁立川支部で任期が重なっている。一般の会社に例えれば、上司と部下で同じ支社にいたということだ。蛭川氏は今回の判決文を起案したといわれている。左陪席の神谷厚毅氏は、今年4月に那覇支部に来たばかりである。

多見谷裁判長の訴訟指揮の「ユニーク」ぶりは、法廷を傍聴した記者たちの間でも話題になったほどだ。第1回の口頭弁論で、翁長雄志県知事に「確定判決に従うか」と聞いた。代理人が、「政治的な挑発的な質問だ」と抗議すると、第2回口頭弁論では「判決に従わないのなら裁判をやる意味がないので」という趣旨の釈明をした。

今回の判決主文言い渡し後も何を思ったのか、多見谷裁判長は法廷で、表情を緩ませながら、「さすがに最後の決断（意味不明だが、確定判決に従うという意味と解される）について知事に明言していただいて、ほっとしたところであります。ありがとうございました。判決は以上です。じゃあ終わります」と述べた。

一体何を言おうとしていたのだろうか。「ありがとう」は敗訴した相手にいう言葉ではないだろう。「ほっとした」とは、確定判決に従うという言質をとった自分は役割を一応果たしたのだという安《あん》堵《ど》の言葉か。ならば、法廷で言うべき言葉ではなかろう。適格性を欠いていないか。

もう一つ。国が代執行訴訟を提起し、県と国ががっぷり四つに組んでいたなか、提訴からわずか2カ月後の今年1月29日に、唐突に、多見谷裁判長が提示してきた和解案を巡る不透明さだ。この和解案、まず県が、そして次に国が受けいれた（いわゆるB案修正案）。その後、和解協議は大方の予想通り難航し、国が違法確認訴訟（今回、判決が出た訴訟）を提起し直すというプロセスを辿《たど》ったのだが、その背後で一体何があったのか。

官邸では菅義偉官房長官を中心に、代執行訴訟では国が敗訴する可能性が検討された形跡がある。法務省の定塚誠訟務局長がその検討作業に加わっていたとされている。法務省訟務局長が作業に加わるのは何ら不自然なことではない。定塚氏はもともとは裁判所の判事で、司法修習は多見谷氏の一期下、37期である。日本の法曹界には「判検交流」という制度があり、もともと裁判官であった人材を一定期間、検事として行政に携わらせる仕組みがある。

だがその過程で、いつのまにか裁判官の判断が行政寄りに変わっていく、という根強い批判がある。多見谷氏と定塚氏は、成田空港に隣接する農地の明け渡しを求められた訴訟を、千葉地裁、東京高裁でともに裁判官として手掛け、空港会社勝訴を言い渡した「重なり」がある。

過去の日本の裁判の歴史を顧みると、国や行政、あるいは国策に沿った側を負けさせてはならないという力学が強く働いたことがあった。そのような場合、一番分かりやすい方法は、裁判官を変えてしまうことである。あるいは、裁判所が一方の側と「密通」してしまうこともある。

駐留米軍基地は憲法違反とした伊達判決で有名な砂川裁判の場合は、飛躍上告を受けた田中耕太郎最高裁長官が、何とアメリカの駐日大使のもとを極秘裏に訪れて「一審判決は誤っております」

辺野古違法確認訴訟の不当判決に抗議し、ガンバロー三唱する集会参加者＝9月21日午後、那覇市泉崎・県民広場

と述べ、上告審での破棄を示唆していた事実が米国立公文書館の公式文書から21世紀になって明らかになった。何という恥ずべき事態だろうか。いわゆる「統治行為論」もあとづけの理屈に過ぎないことが暴露されたのだ。

僕自身も裁判を取材した伊方原発訴訟では、結審直前に何と裁判長と左陪席判事が突然人事異動になった。判決は、原発は安全、電力会社勝訴だった。法曹界ではそのような力学が働く。これが司法の独立、三権分立のあられもない現実である。

だが最も大事なことは、そのような現実を前にしても、司法の独立、三権分立はまもられなければならない。そうでなければ、法治国家のたがが外れてしまうのだ。無法状態が当たり前になる。沖縄の高江のように。

●2016.11.2
我々は皆「土人」である

あまりにも理不尽なことが堂々と持続的に行われていると、いつのまにか感覚が麻痺《まひ》してきて、ああこれは当たり前の出来事なのだと、「思考停止」の状態に陥ってしまうということが、僕らの国の歴史では繰り返されてきた。沖縄にまつわる最近の出来事を思い返してみてほしい。「やりたい放題」という言葉はまさに高江の状況を言い当てるためにある。だが「言いたい放題」まで到来するとは思ってもみなかった。

高江で警備にあたっていた大阪府警の機動隊員が、抗議活動に参加していた作家の目取真俊氏らに対して暴言を吐いた。「触るなくそ。どこつかんどんじゃ、ぼけ。土人が」。別の隊員も「黙れ、こら、シナ人」。発言はカメラで動画撮影されていた。映像はインターネットを通じて瞬く間に拡散した。「土人」「シナ人」という語が侮蔑的な意味合いで使われているのは明らかだ。まるでヘイトスピーチではないか。それが公務中の警察官の口から出たのだから根が深い。

本来ならば、戒めるべき立場の松井一郎・大阪府知事がまるで機動隊員を擁護するような見解を示した。「表現が不適切だとしても、大阪府警の警官が一生懸命命令に従い職務を遂行していたのがわかりました。出張ご苦労様」。「売り言葉に買い言葉で言ってしまうんでしょ。相手もむちゃくちゃ言っている。相手は全て許されるのか。それをもって一人の警官が日本中からたたかれるのはちょっと違うと思う」。前者はツイッターでのつぶやき、後者は報道陣の質問への回答だ。暗澹《あんたん》たる思いがする。

僕自身も高江の抗議行動の現場で何度か取材をしてきているが、機動隊の警備のありようには大きな問題がある。実施されている交通規制の法的な根拠も曖昧だ。地元紙の記者が取材中に拘束されたこともある。過剰警備の指摘がたびたびなされている。けが人も出ている。どうみても過剰な力が振るわれるのを目撃もしてきた。

機動隊員も、きびしい緊張のなかで、感情的になることもあるだろう。だからといって「売り言葉に買い言葉」などと居直るとは何を考えているのか。大体、機動隊員は逮捕権を持ち、警備のために武器を使用することもあり得るのだ。座り込みなどの直接行動に出ている反対派の市民と「対等」ではない。公権力の行使は違法なものであってはならないのだ。

それにしても、「土人」「シナ人」という「死語になったと思っていた」（翁長雄志知事）言葉が、侮蔑的な文脈で、若い機動隊員の口から飛び出したことは深刻だ。日本の近現代史の中で「土人」という言葉が使われていた例で僕が思い出すのは、1899年に制定された「北海道旧土人保護法」という法律だ。アイヌ民族についての「旧土人」という表現および法律の内容が差別的であるとの批判が高まり、1997年、アイヌ文化振興法施行に伴って廃止された。アイヌ保護を名目とはしていたが、アイヌの土地の没収、アイヌ語使用の禁止、アイヌ固有の風習の禁止などが含まれていた。

もう一つ、僕が記憶しているのは、戦争中に日本軍が南方戦線のインドネシア・ボルネオ島のバリクパパンに兵士のための慰安所を開設する際に日本軍が作成した公文書に次のような記載があったことだ。「主計長の取計で土人女を集め慰安所を開設　気持ちの緩和に非常に効果ありたり」。ここに記されている主計長とは、戦後日本の首相になった中曽根康弘氏である。「土人女」が何のために集められたのかはここでは記さないことにする。

さらに想起されるのは、人類館事件だ。1903年、大阪で開かれた内国勧業博覧会の学術人類館なるパビリオンに、アイヌ、台湾高砂族（生蕃）、清国（当時は「支那」と表記されていた）、朝鮮、インド、トルコ、アフリカなどと並んで琉球人（女性2人）が民族衣装をまとって生きたまま展示されていた。沖縄県と清国から激しい抗議があり、関係部分の展示が中止された。沖縄県からの抗議には非常に屈折した要素が含まれていた。

実際に展示されていたのが辻遊郭の女性であったこと、さらには当時の日本政府の強烈な同化政策の下で、「我を生蕃アイヌ視したるものなり」（当時の沖縄紙）、つまり「沖縄の人間を台湾のネーティブやアイヌと一緒にするな」と怒っていたのである。だが、当時の日本という国が、自分たちとは「異なる」人々だとしてそれらの人々を生きたまま展示する行為に現れている「植民地主義のまなざし」は、今に通じるものがないか。

「シナ人」という表現について言えば、翁長知事が那覇市長時代の2013年1月にオスプレイ配備反対を訴えた41市町村首長ら連名の建白書を携えて上京し、銀座をデモ行進した際に、路上にいた一群の連中から「中国のスパイ」「売国奴」「琉球人は日本から出て行け」などのヘイトの罵声が浴びせられたことがあった。そんな言葉の悪意が2016年の機動隊員にまで伝染したとは思いたくないが。

黒船のペリー提督は浦賀に現れる前の1853年5月、琉球王朝時代の沖縄本島を訪れていた。『ペリー提督日本遠征記』に初上陸で目にした沖縄の町の様子が記されている。ペリー一行の冷静な観察眼には今読んでも驚かされるが、こんな記述がある。「土人」などと見下す発想と比べながら僕はこれを読んだ。

「数群の琉球人が、われわれが上陸するのを見守っていたが、こちらが近づくにしたがってそろそろあとずさりした。髪にさした銀色のかんざしから比較的身分がいいと見分けられる者たちは、こちらに向かって丁寧なおじぎをした。身分の低い者たちは、茶色い木綿か芭蕉布の着物を一枚着ているきりで、子供たちは素裸だった。彼らの住居は、きわめて貧しい家でもよく整頓され、こざっぱりしている」「群集のなかには風格のある老人たちが大勢いて、顎鬚を豊かに垂らし、威厳と落ち着きをそなえていた」「彼らが心から平和を愛する人々であることは間違いない」。

「植民地主義のまなざし」に対して、礼節と平和をもって接する沖縄の人々の姿が浮かんでこないだろうか。

もちろん、ペリー一行のまなざしの中にも、異世界の人々＝「土人」観が全くなかったとはいえまい。

もともとアメリカは、ネイティブ・アメリカン(先住民)を大量に殺りくした暗い過去がある。だが、

土砂を積んだダンプカーの進入に抗議する市民ら＝10月25日午前、東村高江・N1ゲート前

アメリカは根深い人種差別の歴史を乗り越えて、オバマ大統領が選ばれるまでの国になった。あえて言おう。私たちは差別する側も、差別される側も、皆「土人」なのだと。「土人」という言葉を無化するためにそのようにあえて言うのだ。

●2016.12.1
米国にもう一つの「高江」「辺野古」

大統領選挙の取材で2週間ほどアメリカに滞在して得られた自分なりの成果で、実はあまりこれまで他人に公言してこなかったことがある。それは、あのアウトサイダーのトランプ氏がなぜ勝ったのかとか、典型的なエスタブリッシュメント（実績を積んできた既成政治家）ヒラリー・クリントン氏がなぜ敗れたのかといったことがらではない。

そうではなくて、僕ら日本人はなぜ自分たちの足元を見据えた政治を作り上げてこられなかったのかという痛苦な思いと、「各国首脳に先駆けて」（安倍晋三首相）トランプ詣でに馳《は》せ参じた日本の政治トップのありようの恥ずかしさに関連することがらだ。「So what? ＝だからさ、お前さんはそれでどうなんだい?」とでも言った根源的な問いかけである。トランプが勝ったこととあなたに一体どんな関係があるんですか?

帰国して日本の既成メディアに溢《あふ》れる同質の情報たち。トランプ・ショックで日本経済はどうなるだの、隣の国の大統領の断末魔だの、毎日のように垂れ流される「小池劇場」記者会見報道などをみて、正直うんざりしたのだ。

けれども、そんななかで、アメリカ滞在中に、これは日本の人々にとって、いや、もっと踏み込んで言うと、沖縄の人々にとってとても重要な出来事が同時進行で起きているという事実に突き当たった。この動きはいま急激に切迫した状況に置かれている。アメリカ中部のノースダコタ州がその舞台だ。

この州にあるバッケン油田で膨大な量のシェールオイル(地下深くの泥岩層に含まれる石油の一種)が発見され、それをサウスダコタ州、アイオワ州を経由してイリノイ州まで運搬する巨大パイプライン建設(ダコタ・アクセス・パイプライン計画)が進められようとしている。総額38億ドル(約3900億円)という国家的な規模の巨大プロジェクトだ。

事業主(エナジー・トランスファー社)と州政府は、莫大《ばくだい》な利益が見込まれるとして建設にまい進しているが、このパイプラインの建設ルートがコスト削減のため変更されたことから事態が急変した。パイプラインは、先住民(約8200人のスタンディングロック・スー族)の住む居留地の北側隣接地を流れるミズーリ川を横切る形に変えられたのだ。

　先住民にとっては、このミズーリの流れは先祖代々「命の水をもたらしてくれる聖なる地」で、そこが原油漏れの汚染の危機に常時さらされることに強い反対の意思をあらわした。そこで行われた環境アセスメントの内容がずさんきわまりないもので、連邦政府（オバマ政権）も工事の許認可権をもつアメリカ陸軍工兵隊に見直しを要請したが、軍は工事をあっさりと認可、先住民たちはついに裁判所に訴えを起こした。と同時に、工事予定地で非暴力直接行動の座り込みを行った。

　スタンディングロック・スー族の呼びかけに応じて、全米やカナダからナバホ族、チェロキー族、ホピ族ら1千人を超える先住民が抗議運動に参加した。近年のアメリカにおいては最大規模の先住民の団結行動となっている。これに対して州政府は銃で武装した警察官が発砲や催涙スプレーなどを使って、連日、強制排除を行っている。さらには、事業主が雇った警備会社が、どう猛なシェパード犬などを多数使って、抗議活動参加者を襲わせ多数の負傷者を出す事態になっている。

　同時に、この動きを取材していたジャーナリストたちも多数が逮捕され、この問題を現場最前線で取材していた独立系メディア『デモクラシー・ナウ！』の著名キャスター、エイミー・グッドマンを州検察が何と「反乱罪」で訴追するという動きまであった。さすがに州裁判所はこの訴追を認めなかった。このスタンディングロック・スー族の動きに呼応する形で全米規模で、多くの市民らが立ち上がって声をあげている。

僕もニューヨークでこの動きに呼応するデモをみたが、彼らのスローガンは『Water is Life（水は命）』という明快なものだった。クリントン候補と民主党大統領候補指名を争ったバーニー・サンダース上院議員は、この建設計画に反対すると公言している。レオナルド・ディカプリオやベン・アフレック、ロバート・レッドフォードといったハリウッドスターらも反対の意思表示を行っていて、この動きはさらに拡大する様相だ。

きわめつきの事実を記せば、この巨大石油パイプライン建設計画には、トランプ企業が膨大な投資を行っている。先住民の権利をどのようにまもるか。環境アセスメントに明白な欠陥がみつかった場合にどのような措置をとり得るか。抗議活動はどのような形で拡《ひろ》がりをみせ、継続可能なのか。多くの点で学ぶべきことが多い。

すでにここまでお読みになられた読者諸氏には、何と沖縄の辺野古や高江で起きていることと酷似した出来事が起きているのかと思われた方もいらっしゃるだろう。機動隊員が抗議運動をしている人間に対して「土人」との暴言を発した現場とまさにそっくりの構図がそこに見えるのだ。犬を使って抗議者を襲わせるやり方は相手を同じ人間だとみていないからこそ出来る行為ではないのか。民主主義の圧殺現場は、高江や辺野古と同様に世界の各所にある。だから、翁長雄志知事が高江へリパッド建設で膝を屈するような姿をみるのは、いかにも悲しい。

アメリカで大統領選挙を取材していたさなか、日本からこんなニュースが伝わって来た。機動隊員の「土人」暴言をめぐってのことだ。政府が、鶴保庸介沖縄北方担当相が「差別とは断定できない」と述べたことについて、訂正や謝罪は不要だとする答弁書を閣議決定したというのだ。心底呆《あき》れた。アメリカで、もし「ニグロ」や「ニガー」と公人が発言したとしよう（警察官は公人である）。それを政府が謝罪する必要なんかないと閣議決定などしようものならどうなるか。

●2016.12.15 不条理に慣れてはいないか

今年も押し詰まってきた。沖縄にとって２０１６年という年は、何とワジワジーすることだらけだったことか。

僕はこんな例えをしてきた。本土（中央政府）と沖縄県との関係は、まるで学校における「いじめ」そのものではないかと。いじめには、いじめる者といじめられる者とがいる。だがそれ以外に多数の傍観者たちがいる。傍観者たちが見て見ぬふりをすることで、いじめは黙認され、正当化され、続行することになるのだ。執拗《しつよう》にいじめを繰り返す東京の政府・官庁・司法。それに対して、いじめに耐えながら必死に誇りと矜持《きょうじ》を保とうとしている県側。

けれども、あまりにいじめ続けられていると限界というものも見えてくるだろう。身を震わせながら無力感と敗北感に膝を屈する時もあるだろう。いつだってその脇には、理不尽をスルーする傍観者たちがいる。沖縄は自分たちとは違う環境にあるのだから仕方がないんだと割り切っている傍観者たちがいる。そうした傍観者たちの姿が見えてきたのも、２０１６年という年の大きな特徴なのではないか。

前回の新ワジワジー通信でご報告した米国版「高江」＝ダコタ・アクセス・パイプライン計画の建設で大きな展開があった。今月４日、何とオバマ政権は、ノースダコタ州内の先住民スタンディングロック・スー族の居留地近くを通るルートのパイプライン建設工事を許可しないとの決定を下したのだ。

居留地近くを通る建設ルートが変更される可能性が大きくなった。他の地区での工事はすでにかなり進んでいる。決定の主体は、アメリカ陸軍工兵隊だが、この決定以前に、連邦政府（オバマ政権）が軍に対して環境アセスメントの見直しを要請するなど、工事強行に難色を示してプレッシャーをかけていたという経緯がある。

先住民の土地・環境と生存権をまもる非暴力直接行動（座り込み）の闘い、そして、それに対する警察や警備会社による凄《すさ》まじい強制排除の構図は、まさに「高江」「辺野古」で僕らが見てきた光景と重なる。今回の決定について、スタンディングロック・スー族の代表らは「歴史的な決定だ」と捉え、オバマ大統領に対し「永遠に感謝する」と述べた。来年1月にホワイトハウスを去っていくオバマ大統領の大きな置きみやげと評価する声が多く聞かれる。ノースダコタの「高江」は先住民が勝利した。

さて、沖縄はどうなっているか。眼前で進行している現実を直視してみる。今月の初旬と中旬、久しぶりに沖縄本島を訪れた。那覇の市街は賑《にぎ》わいをみせていた。でも、しばらくいると、何かどこかが違っているように感じてしまった。テレビ局の仕事を終えて、市内の居酒屋さんで旧知の人々と泡盛を飲んでいたら、振動を伴う重くて鈍い音が屋外から聞こえてきた。「オスプレイですよ。普通のヘリとは全然違うでしょ」。

そうか、夜9時すぎでも飛んでるんだ。沖縄タイムスでオスプレイが連日連夜、宜野座村などでいわゆる「つり下げ訓練」を行っていると報じられていたが、こんな身近にも飛んでいるとは。その日の2日前に、騒音や低周波音被害の違法性が「十分に疎明されているとは言い難い」との判決文を書いた那覇地裁の裁判官官舎の上空はおそらく飛んでいないのだろう。

その直前まで、僕らは那覇市の県庁前広場で行われていた沖縄平和運動センターの山城博治議長らの逮捕や家宅捜索に抗議する集会を取材していた。周辺はとんでもないことになっていた。複数の右翼団体の街宣車があらん限りの騒音をまき散らし、集会を妨害していた。沖縄県警はそれを放置していた。

騒音レベルだけでも明らかに違法だが何もしない。これが法治国家・日本の那覇の現実だ。街宣車のマイクからはデモ参加者を攻撃するヘイトスピーチが流れていた。県警は何もしない。辛うじて「直接接触」をさせないようにはしていたが。人は慣れるものだ。こんな異常な状況にも。

その直前まで僕らは県庁ロビーで取材をしていた。県議会開催中で、翁長雄志知事のぶら下がり会見があるという。直前になって県庁の広報担当者が「質問は税制など二つの内容に限ります」と居合わせた記者たちにアナウンスしている。何を言っているのだろう。けれども記者たちは誰1人文句も言わない。人は慣れるものだ。質問を事前に制限することはよくないことだ。知事を支える環境に変化が生じているのだろうか。

その直前まで僕らは高江にいた。僕らの取材で得た情報では、12月16日までにヘリパッド建設工事を終了させよとの東京からの指令で、突貫工事が進められていた。N1ゲートには3分から5分おきに砂利を積載したダンプカーが4台編成で次々に入っていく。前後に警察車両がエスコートしている。決して多くはない抗議運動の人々がそのたびに抗議の声をあげる。「森を殺すな！」その数倍の人数の機動隊員が壁をつくって包囲して封じ込める。これが憲法で保障された集会・結社の自由の現実だ。

それに先だって、座り込み抗議をしていたこれらの人々は、まるで荷物を運搬するように機動隊

ヘリパッド建設に市民が抗議する中、警察車両の先導で、米軍北部訓練場に入る砂利を積んだダンプカー＝11月25日、東村高江

員によって排除されていた。ヘリパッド工事現場にも機動隊員が配置されている。彼らはある時は工事車両の荷台に乗って現場に移動していた。また警察車両に工事作業員が多数乗っていたこともある。何のことはない。工事完遂という目的の前に、作業員と警察官は一体化しているのだ。警察法に違反していないか。だが人は慣れるものだ。

道路際に立つ若い機動隊員に話しかけてみた。右耳にはイヤホンが刺さっている。「ずっと立ちっ放しで辛《つら》いですね」「……仕事ですから」「もうここには長いんでしょう?」「……」「帰りたくなることはないですか?」「……2カ月を越すとちょっとあれですね」。はじめて本音の肉声が返ってきた。彼は「土人」と暴言を吐くタイプとは違うようにみえた。

北部訓練場の返還式典が今月22日に挙行される予定だ。これら眼前で起きているすべての不条理な現実が、「負担軽減」というマジックワードによって覆い隠されることのないように祈るばかりだ。

2017年

今、世界はトランプ大統領によって引っかき回されていると言っても過言ではない。

まさにその4月25日のことだった。午前9時20分、沖縄防衛局が名護市辺野古で、米軍キャンプ・シュワブ沿岸部を埋め立てる護岸工事に着手した。

一筋の希望の光がほのかに見える出来事がいくつかあったのも2017年だった。

●2017.2.6
米先住民から沖縄へのメッセージ

アメリカ合衆国第45代大統領にドナルド・トランプ氏が就任した。ホワイトハウス執務室の椅子に座るや、彼は大統領令を頻発し内外に混乱を引き起こし続けている。今、世界はトランプ大統領によって引っかき回されていると言っても過言ではない。僕は、そのトランプ大統領の就任式などを取材するために先月中旬からアメリカへと取材に向かった。

就任式翌日、全米で「女性大行進（Women's March）」という大規模デモ行進があった。いやはや、大変なものだった。正直に記せば、この女性大行進こそが「歴史的」という形容詞にふさわしい出来事だと実感した。そのワシントンの数10万人規模のデモ行進の一角に、鮮やかな原色の衣装をまとった米・先住民たちの小集団がいた。立錐《りっすい》の余地もなく移動がままならない人ごみの中で、僕らは何とか体をずらして少しずつ彼らに近づいていった。

彼らこそ、米ノースダコタ州でダコタ・アクセス・パイプライン（以下、ＤＡＰＬと記す）という石油パイプライン建設工事に反対して闘っているスタンディングロック・スー族の人々だったのだ。彼らについてはすでにこの欄で触れてきたが、今回の米国取材で僕らは現地にまで足をのばして、どのようなことが進行中なのかを直接取材することができた。

　現地、ノースダコタ州のスタンディングロック・スー族居留地は、州都ビスマークから車で2時間あまり。現地に近づくにつれ風景が変わっていく。季節は真冬だ。雪原以外には何もない白い雪と潅木《かんぼく》のみの世界が広がっていた。寒い。日本から持っていった携帯カイロをいくつも体に貼り付けて取材にのぞんだ。先住民たちにとってこの土地および近くを流れるミズーリ川は、先祖代々受け継いできた「聖なる土地・聖なる水」であり、彼らの生き方・世界観の礎となっている。

　折から国連人権理事会傘下の作業部会などが主催する先住民たちからのヒアリングが行われていた。パイプライン建設に反対する先住民と支援者らの非暴力直接行動に対して、州政府警察、事業主が雇った警備員らが何をしたのか。それを丁寧に聴き取り、記録していく作業が行われていた。

　先住民の生々しい証言が続く。ゴム弾で撃たれた。催涙ガスを散布された。放たれた犬に噛《か》みつかれた。拘束され大きな檻《おり》に入れられ、腕に番号を刻印された。ビスマーク市の白人住民多数の社会の反対の声は聞き入れられ、パイプラインのコースが変更されたのに、先住民居留地の近くを通るのならいいのか。少なくとも現時点では国連人権理事会はこの問題に重大な関心をもっているようだ。

　今現在、現地では工事は止まっていた。なぜならば、前回この連載で記した通り、オバマ政権下で、工事の許可権限をもつ陸軍工兵隊が、去年12月に環境アセスメントの見直し等を決め、事業主に建設を許可しないという決定を下したからだった。だが現地に行って先住民たちから話を聞くと、彼らの多くは、これは「嵐の前の静けさ」だと冷徹に認識していた。そしてその通りになったのだ。

トランプ大統領は就任わずか5日目の1月24日、ＤＡＰＬを含む石油パイプライン工事の当初計画どおりの工事再開を命じる大統領令を発出したのである。まさにその日、僕らは現地で取材していた。何というめぐりあわせだろうか。「明らかにこの大統領令は先住民たちの顔に平手打ちを食らわせるようなものだ。彼らは環境アセスメントをやる気などさらさらない」（現地にいたアメリカ自由人権協会、ジャミール・ダコワール弁護士の発言）。

先住民が抗議行動の拠点にしているキャンプには、さまざまな意匠に富んだテントが数多く設営されていた。僕らが訪れた時はせいぜい４００人位しかいなかったが、一時は数千人がこのキャンプ地および近郊に結集していたという。スタンディングロック・スー族の行政庁で歴史編さん部の仕事をしている歴史家ジョン・イーグルさんに話を聞くことができた。

「ここアメリカで主流とされる社会と私たち先住民とでは〈神聖〉とするものが異なるのです。私たちの祖先はこの土地から生まれでた。この土地から私たちの物語が始まったのです。アメリカ人のほとんどは海外から来た人たちです。私たちの先祖はこの土地に眠っていますが、彼らの先祖たちはここから遠く離れた土地に眠っています。ですから彼らのこの土地との絆は私たちが持つ絆

スタンディングロック・スー族居留地のキャンプ＝1月、米国ノースダコタ州（筆者撮影）

とは異なるのです。土地を守り、水を守るのは私たちの当然の責任だと思っています。それで私たちは〈水の番人〉と呼ばれるようになったのです。ですから抗議活動とかデモなんていう軽い言葉は使いたくありませんね」

豊かな知識に裏打ちされた確固とした語り口だった。実際、イーグルさんの話の内容は、7世代前の先祖たちの予言にまつわるものから、はるか未来の世代への責任など、時間のスケールが桁違いに壮大なのだった。最も懸念されるのがパイプラインからの石油漏れだ。実際かなりの頻度で石油漏れと環境汚染が起きている現実がすでにある。「私たちがそれを許したばかりに、子供や孫やひ孫が大惨事に対処しなければならなくなるのです」

イーグルさんは、こちらが切り出す前にすでに沖縄の米軍基地建設に絡んで進行中の出来事のことを知っていた。

「私たちにとって、この世の中にあるものの中で一番の薬は水です。水は命です。沖縄の人々にメッセージを持ち帰ってもらえるならば、彼らにこう伝えてください。彼らが立ち、守っているその土地は、スタンディングロックで私たちが立っているこの土地と同じです。私たちはそれほど遠く離れてはいません。心に勇気を持つように彼らに伝えてください。私たちは成し遂げることができます。私は彼らのために祈ります。この世界でもがき苦しむ全ての人が共に立ち上がるべきなのです」

はるか遠く離れたノースダコタ州の先住民から沖縄の人々へのメッセージである。

●2017.4.6
共謀罪的捜査、沖縄で先取り

しばらくぶりの「ワジワジー通信」だ。けれどもこの間、沖縄をめぐる出来事はワジワジーすることがあまりにも多くて、それらを記すだけでも紙面を覆いつくしてしまいかねない分量になるので、今回は論点を絞ることにしよう。沖縄の米軍基地建設反対運動のリーダー的存在である山城博治氏の保釈と、そこで考えなければならないこの国の司法の「変質」についてである。

沖縄平和運動センター議長の山城氏は3月18日保釈された。初公判の翌日のことである。去年の10月、東村高江のヘリパッド建設反対の抗議行動のさなか、米軍北部訓練場内の有刺鉄線を切ったという器物損壊の容疑で逮捕されて以来、いくつもの罪状で再逮捕が繰り返され（公務執行妨害、傷害、威力業務妨害）、何と5カ月以上、152日という長期勾留の末に保釈されたのだった。

那覇地検は最後の最後まで保釈に反対し続けた。裁判所は長期にわたって家族も含めた接見禁止処分を認めていた。山城氏に対しては、靴下等の生活必需品の差し入れも2カ月以上禁じられ、さらには那覇地検は、国民の最低限度の権利である弁護士との接見にさえもさまざまな注文をつけ続けた。山城氏にあてられた励ましの手紙約４００通も全く本人のもとに届かないようにされていた。逮捕・起訴された山城氏は、保釈に至るまでの長期間、そのような境遇に置かれていた。このこと自体がまず異常である。

今年1月26日には、国際的人権団体アムネスティ・インターナショナルが、早期釈放と適切な医療措置等を求める異例の声明を出していた。山城氏は悪性リンパ腫を患って入院していた経緯がある。また複数の人権団体や刑事法学者、有識者からも、山城氏の長期勾留は、露骨な運動つぶしを企図した動きであって、司法の機能を逸脱しているとの訴えがなされていた。だがこの国の司法を担う裁判所や検察庁は、聴く耳を持たなかったようだ。

山城氏が勾留中に〈現場〉では一体何が起きたか。東村高江では米軍用のヘリパッド建設が力づくで完了した。反対派市民を機動隊がごぼう抜きにして、工事車両を何台も走らせての、まさに突貫工事の果ての完成だった。いわゆる「辺野古訴訟」は県の敗訴が確定し（去年12月20日）、国・沖縄防衛局は、司法によって工事ＧＯの「お墨付き」を得られたと主張して、まさにその通りにことが進められた。

名護市辺野古では、海上埋め立て工事が再開され、巨大な作業船が海上に姿を現し、再び反対派の抗議船などの海域進入禁止を表示するオレンジ色の浮具（フロート）が大浦湾に張り巡らされた。

海の機動隊＝海上保安庁の警備艇も以前のように存分に力を行使し始めた。その傍らで、工事にともなう汚濁の防止膜を固定するためだというコンクリート・ブロックが次々に海中に投げ込まれていった（最終的には228個）。山城氏の勾留中に、国・防衛局はまさに思いのままにことを進めることができた。これが客観的な事実である。

僕は、山城氏が勾留されていなかったら、これらのことは止まっていたかもしれない、などと空想的なことは言うつもりはさらさらない。国・防衛局の、政治的な、物理的な力はこの国においては圧倒的なのであって、アメリカ政府から「待て」と言われない限り、工事は進められただろう。ではなぜ山城氏はやられたのか。彼は非転向を貫く米軍基地建設反対運動の象徴的存在であって、まさにそのことが彼が長期勾留を課された理由なのである。それを裏付ける種々の事象がある。

僕らの国の司法にはかつて「予防拘禁」という仕組みが合法的制度として存在していた。戦前、あらゆる社会運動を弾圧する機能を果たした法律に治安維持法があった。この法律に違反したとして摘発された受刑者のうち、非転向、あるいは転向が不十分だとみなされた者は、「再犯のおそれあり」として出獄を取り消し勾留し続けることができる制度が「予防拘禁」だった。

僕は山城氏の尋常ではない長期勾留や接見禁止措置を考えた時に、この治安維持法下の「予防拘禁」のことをすぐに想起した。今、政権は「平成の治安維持法」と言われている共謀罪法案（彼らによる呼称はテロ等組織犯罪準備罪法案だが）を国会に上程し成立を急いでいる。この動きと山城氏逮捕・長期勾留の動きは連動したものと思わざるを得ないのだ。

実は山城氏逮捕の捜査を顧みる時に見過ごせない司法警察・検察の動きがある。山城氏の逮捕・再逮捕と相前後して東京、神奈川など全国十数カ所で家宅捜索が行われ、主にパソコン、USBメモリーやハードディスクなどの記録媒体、携帯電話などを集中的に押収していった。パソコンの押収点数は計8台、記録媒体が15台、携帯電話も7台が押収された。

捜査当局はこれらの押収物から、メールやラインなど会員制交流サイト（SNS）での通信記録を細かく掌握しチャートを作成していった。なぜそんなことをするのか。彼らは、米軍基地建設反対運動を、山城氏を「首謀者」とする壮大な犯罪組織に見立てようとしているのである。「一味」が事前に「共謀」してあのような大反対行動を企てているのだと。

しかし僕は長年の記者取材経験からわかるのだが、公安警察や公安検察のなかには、想像力がとてつもない奇形的な膨張を遂げてしまった人々が存在していたりする。彼らの頭のなかには常に「国策にまつろわぬ者＝犯罪集団＝取り締まり対象」という図式が出来てしまっている恐れがある。そう、彼らの頭の中には戦前の治安維持法が生きているのである。だから、まるでアルカイダかイスラム国に対するような扱いがとられてしまいかねないのだ。

山城氏の公判に証拠申請されている膨大なビデオ映像の記録（ブルーレイディスク数十枚）はどのようにして撮影されたかを想起してみるといい。彼の行動の一挙手一投足をバーの先に取りつけた

5カ月ぶりに保釈され支援者から祝福される山城博治議長（左から2人目）＝3月18日午後8時すぎ、那覇市樋川・那覇拘置支所前

小型ビデオカメラ20台以上で、警察、防衛局等の「撮影班」がよってたかって撮影したものがそれである。そのこと自体が実は異常なのだ。それを異常と認識できないほどに僕らの感覚がすでに麻痺《まひ》してしまっているのかもしれない。

沖縄ではプレ「共謀罪」捜査が先取りされている。これは憲法のもとにある民主主義国家においてあってはならない、司法の「変質」を象徴する動きである。

●2017.5.4 「(被害が) 沖縄でよかった」というリアル

よりによって東日本大震災と福島第1原発過酷事故からの復旧・復興を担当する今村雅弘復興大臣兼福島原発事故再生総括担当が、東日本大震災の被害に関して「まだ東北で、あっちの方だったから良かった。首都圏に近かったりすると莫大《ばくだい》な、甚大な額になった」などと発言したことが引き金となって、発言当日の4月25日に大臣辞任の意向を表明した。翌日付で辞表は受理されたが、辞任と言うよりは事実上の更迭だった。

政権の反応はすばやかった。これ以上は守りきれないとでも言うかのように。今村大臣の場合、この失言に先立つ「前科」があった。今回の失言の3週間前にも記者会見で、原発事故の自主避難者への住宅無償支援打ち切りをめぐって、記者との間で激しいやりとりがあり「(自主避難者)本人の責任でしょう」「裁判でも何でもやればいいじゃない」「(記者に対して)二度と来ないでください」などと発言し批判を浴びていた。

〈東北で良かった〉はいくら何でもひどい。メディアは今村復興大臣の辞任に至る言動を大々的に報じた。

まさにその4月25日のことだった。午前9時20分、沖縄防衛局が名護市辺野古で、米軍キャンプ・シュワブ沿岸部を埋め立てる護岸工事に着手した。埋め立て工事は環境を激変させる決定的な動きだ。大量のコンクリートブロックや土砂などが大量に海に投下されれば、原状回復はほとんど絶望的となる。本紙は〈1996年の普天間飛行場返還合意から21年、重大な局面を迎えた〉と報じていた。

翁長雄志知事は「暴挙」という言葉を5回も使ってこの護岸工事着工を強く批判していた。一方、菅義偉官房長官は記者会見で「埋め立て本体の工事開始は、多くの人々が望んできた普天間飛行場の全面返還を実現する確かな一歩だ」と普段よりも語気を強めて用意されたステートメントを読み上げていた。冷徹な事実がある。4月26日付の東京の新聞各紙の1面トップ記事は、横並びで〈今村復興相、辞任〉だった。沖縄の県紙2紙は当然ながら〈辺野古の護岸工事着工〉がトップ記事だった。

東京と沖縄の新聞を並べて読みながら、僕には心の中に抑えがたい憤りが湧いてくるのを感じた。「この政権はこれまでずっと〈辺野古が唯一の選択肢〉と言い続けてきた。これは結局、今村前復興相ふうに言えば、〈辺野古でよかった〉と言っているのと同じじゃないのか」と。その根元には、米軍基地は、本土ではなく沖縄でよかった、という本音があるのではないか、と。

やがて沖縄慰霊の日が今年もやって来る。歴史家たちの詳細な研究が述べるところによれば、太平洋戦争全体の中で沖縄戦の占める位置づけは、はるかにむごい。沖縄は本土をまもるための「捨て石」にされたのではなかったか。〈沖縄でよかった。本土ではなくて〉。あまりにもむごい。仮に、その考え方が今現在に至るまで脈々と生き続けているとしたら、僕らは誰に向かって何を言えばいいのだろうか。すでに沖縄県民は国政選挙や知事選挙を通じて、これ以上の基地建設はノーだと意思表示してきているのだから。

司法に救済を求めたいわゆる辺野古訴訟は最高裁で沖縄県側の敗訴が確定した。政府は「決着がついたと思っている」との姿勢だ。つまりもはや聞く耳を持たないと言っているのだ。1月の宮古島市長選、2月の浦添市長選、4月のうるま市長選と、このところ政府与党の推す候補が連勝してきている。翁長知事を支える「オール沖縄」が苦境に陥っていることは否定できない。沖縄は一体どこへ向かっていくのだろうか。

辺野古新基地建設の護岸工事が始まり、フロートをはさんで反対するカヌー隊と海保がにらみ合う。浜辺ではトラックが石材を下ろす作業を進める＝4月25日午後、名護市辺野古の米軍キャンプ・シュワブ

かつての本紙編集局長・由井晶子さんの著書に『沖縄　アリは象に挑む』というタイトルのすばらしい本がある。そのアリが今、踏みつぶされようとしている光景がみえる。〈沖縄でよかった?〉

＊　＊　＊

（以降の記述はフィクションです。念のため）２０××年×月×日午前9時23分。沖縄の在日米軍×××基地に、巡航ミサイル59発が撃ち込まれた。寝耳に水のことだった。一体なぜなんだ? 被害は基地のみならず、近隣の住宅地も甚大な被害を受けた。基地内の死傷者に加え、沖縄県民に多数の死傷者が出てしまった。政府はただちに非常事態宣言を発令し、国家安全保障会議が緊急招集された。

参加者の間で冒頭から激しい口論となった。「だから言わんこっちゃないんだ。沖縄に基地が集中しすぎていることに何の手も打たなかったことの報いだ」「何を言っとる。貴君だって基地反対運動を潰《つぶ》してきた張本人じゃないか」「そうだ、そうだ、あんたは共謀罪を適用して沖縄基地反対運動を壊滅させたことを忘れたようだな」「いや、少なくとも同盟国内からこんな攻撃が起きてしまうなんて想像もできなかった」「現場の軍人は常に極度の緊張にさらされているんだ。何があってもおかしくはないさ」「それにしてもどうする。国民に対してどう説明するんだ」「沖縄勤務経験のある米軍兵士が錯乱してミサイルを誤射したなんて何の説明にもならんぞ」「でも事実だ」。

その時、普段から寡黙でほとんど会議でも発言したことがない閣僚の一人がこうつぶやいた。「ミサイルが沖縄でよかった。本土や原発立地県ならもっと甚大な被害になっていたな。本土でなくてよかった」。すると突然、部屋中に鋭い金属質の警報音が鳴りだした。ピピピピピピピピ。閣議決定で導入が決まった「失言探知アラート・システム」が作動したのだ。

——以上は、もちろん架空のフィクションである。けれども、「本土でなくてよかった」という台詞は何だか異様なリアリティーを帯びていないか？　悲しみと憤りがミックスされたカクテルをこれ以上飲み続けるのは、僕はもうごめんこうむりたい。

●2017.6.21
反戦貫いた大田昌秀さんをおくる

大田昌秀さんは92歳の誕生日に、教え子たちやご家族に見守られて他界した。ハッピー・バースデー・トゥ・ユーのお祝いの歌を聞きながら、まさに眠るように息を引き取られたそうだ。大田さんのことだ、沖縄のあるべき未来に確固たる希望をもっておられたので、それと現実の落差におそらく大いに悔いを残しながら去っていかれたのではないかと思う。

僕が最後にお会いした時も沖縄が置かれている現実に怒りを隠していなかった。その内奥からみなぎる熱情の源は、鉄血勤皇隊員としての沖縄戦での極限の体験にあると常々話しておられた。戦争をしてはいけない。大田さんの戦後を貫く固い信念だ。

「大田さん、何を召し上がりたいですか?」。去年の5月22日、那覇で久しぶりにお会いして夕食にお誘いして返ってきた答は「ステーキ!」。大田さんは200グラムのステーキを平らげた。亡くなられた3日前に入院先の病室にお手紙をお届けしたが、もはや開封して文字を追う体力はなく、僕から手紙が来たと告げられると、「ああ、彼とはよく会ったんだ」と口にされたと、その場に立ち会っていた教え子の玉城眞幸さんからうかがった。

大田昌秀さんに引き合わせていただいたのは、故・筑紫哲也さんだ。大田さんが知事時代に上京した際の会食に同席させていただいたのが最初だった。当時の琉球放送・東京支社長、故・大城光恵さんもよく同席されていた。取材なのか単なる宴会なのかよくわからない楽しい懇談の場だった。

ウイスキー、とりわけシーヴァス・リーガルをこよなく愛した大田さんは、飲めば飲むほど弁舌さわやかに、話題は時空を飛び越えて世界に広がって、沖縄出身のイリノイ大学名誉教授・平恒次氏らウチナンチューの国際舞台での活躍ぶりや、同じく沖縄出身でアメリカで成功をおさめた実業家・平良新助の「ヒヤミカチ節」の歌詞のことやら、ついには沖縄独立論まで話題はとどまるところを知らないのだった。

東京杉並区の高円寺に最初にできた沖縄料理店「きよ香」にも出入りして、店主の高橋淳子さん（故人）とも親交があった。びっくりと言えば、たまたま僕が2000年に北朝鮮を取材していた時、ピョンヤンのホテルでばったり大田さんに出くわしたことがあった。朝鮮半島の平和団体の招きで訪朝していてレセプションがそのホテルで行われていたようだった。

僕の記憶はほとんど飛んでしまっていたのだが、当時の秘書の桑高英彦さんによると、1994年ころ、当時僕が赴任していたモスクワでも県知事訪問団の一行として参加されていた大田さんと僕は会っていたというのだ。そうだったなあ、とだんだん思い出してくる始末だ。

とにかく大田さんは行動範囲が広いのだ。そして人をしっかりと鋭く見極める能力があった。「あれはニセモノだよ」。沖縄にすり寄ってくる自称・学者、文化人の動向を静かに見ていた大田さんは、笑みを浮かべながら厳しいことを言っていた。その大田さんはもういない。ぽっかりと大きな穴があいたようだ。

6月15日、午前7時46分。希代の悪法「共謀罪」法が可決・成立した。反対する市民らが国会周辺で怒りの声を上げるのを取材しながら、僕は何度も時計に目をやっていた。その日の午後、浦添市で大田さんの告別式が行われることになっていたからだ。何としても参列して自分なりのお別れの思いを伝えたかった。取材後、飛行機に飛び乗り、どうにか告別式に間に合った。会場には大田さんとゆかりのあった人々に加え、大田さんを慕う大勢の市民や県民の方々が訪れ、死を悼んでいた。仕事場から慌てて抜けてきたような普段着の人もいた。海勢頭豊さんらの生演奏が奏でられていた。遺影の大田さんは笑っていた。けれども僕がお会いした大田さんは、初めはにこやかだったが、基本的には怒っていた。

これだけは言っておかねばならない。大田さんは95年のいわゆる女性に対する暴行事件の際、反米軍基地感情が沸点に達した時、普天間飛行場返還の約束をとりつけた主人公である。それが今現在の辺野古問題の直接の引き金である。当時の首相、橋本龍太郎氏は焦っていた。それと同時に、当時の沖縄県民の怒りに一定の理解を持っていた。何しろむごい事件であり、米軍側は日米地位協定を盾に米兵の身柄引き渡しさえ拒んでいたのだから。今の政権とは雲泥の差がある。

橋本首相は当時の駐日大使ウォルター・モンデール氏に頼み込み、普天間飛行場の返還を迫った。モンデール氏は旧知の国防長官・ウィリアム・ペリー氏に電話を入れてOKを取り付けた。「普天間は返そう。それでOKだ」と。それがいつのまにか代替基地建設の話にすり替えられていく。県内に代替施設を建設する条件などなかったはずだ。それを仕向けた人間たちがいた。誰か？

悲しいことに、それはアメリカ側の要求というより、当時の防衛庁トップと日本政府内の安保体制に利害関係をもつ強硬派が「沖縄に海兵隊はとどまってほしい」と、無条件返還話を捻《ね》じ曲げたのだ。海兵隊にとっては願ったりかなったりの提案だった。世界最大規模の米軍基地・嘉手納に統合されずに、自前の基地を、ほとんどまるごと日本政府のお金で自然の美しい場所につくってもら

大田昌秀さんをしのび、多くの人が参列した告別式＝6月15日午後、浦添市・いなんせ会館

える、と。こんなおいしい話はない。

大田さんの告別式で涙を流しながら友人代表の弔辞を述べた比嘉幹郎さん（元副知事）に、式会場で大田さんとの思い出をうかがった。「大田さんが名護の英語学校の先生だったころ、よくお酒を一緒に飲みに行ったんです。当時のジュークボックスで1曲1回25セントだったかで聴けたんですが、大田さんは10枚くらいクオーター（25セント銅貨）を入れて何度も何度も聞いていた曲が、でいご娘の『艦砲ぬ喰ぇー残さー』だったんです」。歌詞のサビの部分はこうだ。

うんじゅん　我んにん　汝《いや》ん　我んにん（あなた方も、私も、君も　僕も）
艦砲ぬ喰ぇー残《ぬく》さー（艦砲射撃の食い残し）

沖縄戦の後の自分たちは、「鉄の暴風」と言われた米軍の激しい艦砲射撃の生き残りに過ぎない。死んでいった者たちのことを決して忘れるな、という深い含意がある。大田さんだからこそ、敵も味方も国籍も年齢も氏名の確認さえも超えて、あの「平和の礎」を作りえたのであり、沖縄戦の歴史文書をきちんと後世の人々に残すために（ああ、今の公文書を片っ端から隠滅・廃棄してしまう役人どもとは何という志の違いだろうか！）県公文書館を設立した。

大田さん。大田さんの怒りをわずかなりとも心に引き継ぎ、僕は僕の持ち場で沖縄と向き合っていきますからね。どうぞ、やすらかにお休みください。合掌。

●2017.7.20 驕れる人も久しからず

驕《おご》れる人も久しからず。「平家物語」冒頭の文章に含まれるこのセンテンスの重みを僕らは今思い知らされている。「安倍一強」などと中世の貴族のごとく栄華を極めたかのように語られてきた政権のありように、国民は今醒《さ》めた視線を送り始めている。森友学園問題、加計学園問題、「共謀罪」法の強引な可決成立のさせ方、政権内での身内・お友だちに対する度を越した庇《かば》いよう、そして忘れてはならないのは、沖縄県の声に対して聞く耳を持たない強圧的姿勢、それらに向けられた国民の視線である。驕れる人も久しからず。

この「平家物語」に材をとって、平清盛の四男・知盛を主人公に描いた木下順二の戯曲に『子午線の祀り』がある。壮大な歴史叙事詩との確固とした評価を勝ちえた名作だ。つい最近、この戯曲の野村萬斎による新演出ステージをみる機会を得た。実にすばらしい舞台だった。クライマックスは平家が滅亡に至った壇ノ浦海戦だ。当初は劣勢だった源氏軍が、子午線を月が通過したことによる潮力の強力な変化で潮流が逆向きに変わったことから一気に攻勢にたち、ついには平家軍に打ち勝つという筋立てだ。グレゴリオ暦1185年5月2日の出来事とされている。

平家側にいた当時8歳の安徳天皇は海に身を投じ死に至る。天皇家の正統性を証明する「三種の神器」とともに平家側の高位の者たちは次々に海に身を投げた。つまり集団入水自殺を遂げたのである。海上で展開された人間同士による戦争でも、月の軌道上の移動による潮流の変化という自然の摂理の前には人間など全くあらがうことができない。今から800年以上前にあったとされる海の上での人間の悲劇の根源にある冷徹な事実である。

ダブルスタンダード（二重基準）を多用する指導者は信用できない。信頼されない。尊敬されない。驕れる人も久しからず。自国民に対しては「美しい日本の自然環境を守りましょう」と説きながら、他国民に対してなら「自然環境を壊すことも仕方がないだろう」と言えば、その指導者は人間としても失格だ。ところがそんな当たり前のことが、自国民である沖縄に限っては通じないのだ。ダブルスタンダード、問題ない。批判はあたらない。適切な処置が講ぜられているものと考えております。いけない、官房長官話法がうつったか。

北部沖縄の大浦湾海域は豊かな自然に恵まれ、とりわけサンゴの群生地もあって、生物多様性の生きた教科書と言われている。海と近接して生態系で深くつながっている「やんばるの森」は環境省が国立公園に指定している自然の宝庫だ。そんな場所に軍事基地やヘリパッドをつくろうという発想自体がまず正気の沙汰ではないのだ。

ごく普通のアメリカ人100人を大浦湾に招いて、彼ら彼女らに海の美しさを見せたらいい。ああ、何て美しい海なんだ。こんな豊かで美しい海をもつあなたたちがうらやましいと言うだろう。キャンプ・シュワブの兵士やその家族だってそのことを本能的にわかっているから、これまでも大浦湾で潜水や水泳を堂々とやっていた。そこを埋め立てて巨大なあなたたちアメリカ軍のための新基地をつくるというのだ。おかしいと思うでしょ？　北谷海岸に溢《あふ》れているアメリカ人ダイバーたちに聞いてみてもいい。大浦湾を埋め立てるなんて本当は馬鹿《ばか》げていると思うでしょう？　彼らは軽くウインクするだろう（イエス）。

6月に僕は、大浦湾の通称チリビシという場所で潜ってみて群生するアオサンゴをみた。かなり大きなアオサンゴが垂直方向に成長していた。大浦湾にはアオサンゴやハマサンゴ、ミドリイシ、ユビエダハマサンゴなど多様なサンゴが生きている。直径5メートルくらいのハマサンゴは500年から1千年生きているそうだ。ミドリイシでさえ2メートルまでなるのには20年近くの歳月がかかると言われている。

今月13日に、地元ダイバーたちが大浦湾に潜って、キャンプ・シュワブ内の「K9」護岸工事地点先端からわずか30メートルほどの海中にコブハマサンゴが生息していて、周囲をサカナたちが泳ぐ姿を確認したという。その護岸からは今も次々に砕石が海中に投入されている。

沖縄防衛局、海上保安庁、沖縄県警および本土派遣の警察官、砕石をピストン輸送する建設業者

辺野古の新基地建設が進むＫ９護岸の延長線上に位置する大浦湾内の海中の様子（牧志治さん撮影）＝2017年7月

は、彼らから見れば「全員一心一丸となって」、逆から見れば「まるで、ぐるになって」基地建設工事を推進している。今現在も彼らは時々刻々作業にまい進している。彼らの一人一人は、目の前に広がる美しい海が埋め立てられることを本当に望んでいるのか。

「滅私」は僕ら日本人の得意技だ。反対派の人々が体を張って工事を止めようとしている。抗議船や手こぎのカヌーで海に繰り出す。圧倒的な物理的な力で排除される。美しい海の上を毎日のように防衛局や海保の警備艇が航行する。防衛局に借り上げられた漁船が海上をたゆたっている。それで決して少なくない日銭が銀行口座に振り込まれる。

僕はその海上の実景をみながらもう一つの光景を幻視していた。平家が滅亡した壇ノ浦の海戦の頃からすでにこの大浦湾で生きていたサンゴを、８００年以上の時を経て、今僕ら人間はそれを殺そうとしている。その「驕れる人たち」は、海を殺すばかりか、その海で代々生活を営んできた漁業者たちから漁を奪おうとしている。運用年数40年、耐用年数２００年という設計仕様で巨大な軍事基地を、海を埋め立ててつくろうとしている。

できてしまえばもっと長く使われるかもしれない。嘉手納基地も普天間基地もできてからもう70年以上がたっている。アオサンゴは１００年単位で生きている。驕れる平家の時代から生きているのもいる。つくづく人間は愚かだと思う。それでいいはずはない。

●2017.8.30
混迷の今だからこそ多事争論を

何でも隠したがる、なかったことにする。とかく隠蔽《いんぺい》体質が強い日本社会において、論争が活発になること自体は喜ばしいことだ。9年前に他界した筑紫哲也キャスターのモットーは「多事争論」だった。福沢諭吉の『文明論之概略』からとられた言葉だ。ワジワジーすることが多い今だからこそ、大いに口角泡を飛ばして論じ合うことには価値がある。

辺野古の新基地建設工事を具体的にどう止めるか。沖縄には独立という選択肢が本当はどれくらいあるのか。ウチナーグチを語り継ぐにはどうしたらいいか。子どもの貧困は数字的には沖縄が一番ひどいが実情はどうなのか。果てはキジムナーは実在するのかどうか……。もともと沖縄にはユンタクの伝統があったはずだ。何でもわいわい話すことで答、出口をみつける。

そこで沖縄を舞台に交わされた最近の論争で、関心を引かれたことを書きとめておきたい。黙っているのが一番よくないのだから。

ひとつは、「オール沖縄」の今後の行方をめぐる本質的な論争の一つだと思うが、カナダ在住の編集者で幅広い社会運動のアクティビストでもある乗松聡子氏と、沖縄法曹界の重鎮・新垣勉弁護士との間で、本紙においてこの春交わされた論争だ。辺野古新基地建設をめぐって、翁長雄志知事の埋め立て承認「撤回」という切り札がなぜ使われないのか、その戦術的評価をめぐって両者の姿勢の違いが鮮明になった。さらに、辺野古新基地建設反対をあらためて表明するべく「県民投票」を実施しようというプランの評価をめぐっても両者の姿勢は大きく食い違った。

こんなふうに書いてもなかなか伝わらない読者のために、あえて乱暴に言い分を整理すると、乗松さんは、日々埋め立て工事が進み大浦湾の海底が破壊され続けている事態下では、「撤回」を翁長知事が即刻行うことが何より大事だと主張していた。「民意」はもうイヤと言うほど示されてきたではないか。いまさら県民投票をやっても政府がまた無視するのは火を見るより明らかではないか。大体、県民投票の実施に何カ月もかけていたら、その間に国は「既成事実」をどんどん積み上げていくだけだ。翁長知事の「撤回」回避は、政治力学に翻弄《ほんろう》された結果で、基地阻止とは逆方向を向いているのではないかと主張した。

これに対して、新垣氏は、乗松氏の主張の根っこにあるのは「いら立ちと焦り」と指摘した上で、乗松氏には、知事がすぐに「撤回」に踏み切れない「県の苦悩を洞察しようとする視点がない」ときびしく批判する。新垣氏によれば、県は現状では『撤回』を行うための理由は弱いと考えており、撤回理由となり得るのは、工事の諸行政手続き「違反」と「民意」の2点なのだから、ここは「粘り強く辛抱を重ね、裁判で勝ち抜くだけの法的理由を固めた上で『撤回』を行うべきである」と説く。県民投票については、「知事が『撤回』を決断しやすい政治的環境を準備することになる」とポジティブに位置づけている。

この論争は沖縄タイムス文化面の担当者の判断で一時中断になったようだが、双方の主張には非常に重要な論点が含まれているように思う。

論点を拾い出そう。ひとつは司法=裁判にどこまで望みを託せるかをめぐる認識の違いだ。弁護士である新垣氏はあくまでも裁判での勝利にこだわる。「裁判至上主義ではないか」との声が聞かれるほどだ。新垣氏は、福岡高裁那覇支部の違法確認訴訟の判決を例示しながら記す。

「『撤回』をめぐる訴訟も今後同一の裁判所に継続する（中略）同判決は県民の民意につき、『民意は新基地建設に反対である』との認識に立たなかった。（中略）この状況を踏まえると、裁判官を説得するための新たな方策が必要となる。その最も効果的な方法が『新基地建設の是非』を問う県民投票である。乗松意見には一貫してこの視点がない」。

僕は実はこの部分を読んであっと驚いた。あのような判決を下した福岡高裁那覇支部=司法にまだ期待をつないだ上に、裁判官を説得するため民意による外からの後押し=県民投票を考えるという思考経路に対してである。今、司法がどのような惨状をきたしているかについての両者間のすさまじいギャップ。冷徹な認識に立つならば、現在の司法が米軍基地建設にノーの判断を下す可能性

「翁長知事を支え、辺野古に新基地を造らせない県民大会」で新基地建設阻止への決意を県民に訴える翁長雄志知事＝8月12日、那覇市・奥武山陸上競技場

は皆無に近いのではないのか。これをどう考えるか。率直に論じられた方がよくないか?

もうひとつは古くて新しい論点。政治と社会運動・表現のあいだの従属関係、指導する側・される側の関係、組織分裂を極端に恐れるが故の「統制」をめぐる諸問題だ。いつのまにか政治が一段高い位置から民衆を導いていくという図式に陥っていないか。乗松氏の主張の根底には、新基地建設を止めなければそもそも何のための政治組織か、何のための「オール沖縄」か、という非常にせっぱ詰まった認識がある。

言うまでもないが、県民大会の主人公は県民であって、県知事や組織ではない。同じように県民投票の主人公も県民であって、知事の「撤回」決断をしやすくするための環境作りという発想は、政治優位の思考に陥っていないか。日本全体のさまざまな社会運動にも共通する。

そして最後の論点は多様性の確保。これがとても大事な論点なのだが、世代や階層、性別、意見の違いを超えてなお、それらを〈包摂〉する多様な運動のありようをどうつくっていくか。言うは易し、だが最も困難な課題だ。

僕は率直に思う。沖縄の基地建設反対運動は今、深刻な閉塞《へいそく》状況に陥っているのではないか。運動のありようも単色化していないか。つまり魅力を欠いていないか。若者たちが近づきにくくなっていないか。沖縄の「民意」も徐々に液状化してきている。NHKが今年4月に行った世論調査では、沖縄に米軍基地があることについて、本土復帰前に生まれた世代は「否定」が53%だったが、復帰後に生まれた世代では「容認」が何と65％、「否定」は30％にとどまった。「多様性」は沖縄にとっても大切な価値観だ。チャンプルーという発想は沖縄の柔軟な可能性を表している。でも何だか今、沖縄で自由に声をあげる空気がこわばってきていないか。「沖縄の言論の場は足の引っ張り合いに終始し、建設的に本音を語る土俵そのものが空洞化してしまっている」(那覇在住の作家・仲村清司氏)。

乗松氏も新垣弁護士も、辺野古に新基地をつくらせてはならないという点では一致していたはずである。その間で論争が起きる。そこから真の問題点をつかみ取って次につないでいく。そのことこそが大事だと思うからこそ、ウチナンチューでもない僕がこんな文章を「ワジワジー通信」に書いている。正直、複雑な気持ちが消えない。

●2017.9.28
壊されたものは何か？

めぐり合わせというものは不思議なものだ。イスラエルの有力紙『ハーレツ』の占領地特派員として、パレスチナ自治区に長年住み、自国イスラエルによる占領の不当な現実を訴え続けている著名なジャーナリスト、アミラ・ハスさんが今月来日した。幸いなことに僕も東京でアミラさんと交流する機会をいただいた。自分の取材を支えているのは「怒り」だと語っていたのが強く印象に残っている。

パレスチナ問題の取材を続ける日本のジャーナリスト、土井敏邦さんの宿願が叶《かな》った形の今回の来日だったが、そのアミラさんらが、沖縄に取材に向かった際に、まさかチビチリガマで起きたあの出来事を最初に目撃した1人となるとは誰が予想していただろうか。現場の様子を目の当たりにして衝撃を受けたアミラさんは「戦争の記憶を忘却することは軍国主義への加担につながる」と思いを語っていた。パレスチナの地で起きていることと、沖縄戦の悲惨さを象徴する場所の損壊事件とをどこかで重ね合わせた重い言葉だった。

そのアミラさんを現地で案内する役割を担っていたのが、読谷村在住の平和運動家で僧侶の知花昌一さんだったことも、何とも運命的なめぐり合わせだ。知花さんは、沖縄でも長年タブーとなっていたチビチリガマのいわゆる「集団自決（強制集団死）」事件を丹念に掘り起こした人物でもある。その知花さんは、沖縄への日の丸・君が代の押しつけに抗議して1987年10月、読谷村の国体会場で日の丸を焼いた。

事件はさまざまな反発を引き起こしたが、知花さんが経営するスーパーが放火されたほか、チビチリガマの入り口に遺族らによって建てられた「世代を結ぶ平和の像」（金城実氏ら制作）が右翼団体員によって破壊された。それだけに、今回の損壊事件のまさに第1発見者となった知花さんの受けた衝撃は深く「ガマの犠牲者は3度殺された」と感じている。

知花さんによると、12日の午前、来沖中のアミラさん、土井さんらと、ガマ近くの金城実さん宅で落ち合った。土井さんから遠来の客アミラさんの案内を是非と頼まれていたのだ。10時40分ごろ、金城さん宅を一緒に出て午前11時前にガマに到着した。すぐに異変に気づいた。「ハブに注意」の看板が引き抜かれていたのだ。おそるおそるガマに近づくと、平和の像の石垣が破損しており、レリーフのところに添えられていた金城実さん制作の歌碑が地面に打ち捨てられていた。

さらに千羽鶴の半分以上が引きちぎられていた。これはやられたと以前の記憶がよみがえってきたという。まさかガマの中までは、と思って入ると、やられていた。87年の時は中はやられていなかった。ガマの中にあった「集団自決」当時まで使われていた遺品の瓶や陶器が10本くらい割られていた。皿の上に安置されていた遺骨や入れ歯なども地面に打ちつけられたのかバラバラに散乱していた。

頭の中が真っ白になった。ガマの入り口にあった「平和の像」はなおそうと思えばなおせる。けれどもガマの中に安置されていた骨や義歯などの遺品は取り返しがつかない。そこまでやるのか、という明確な意志のようなものを感じたという。知花さんは遺族会などにすぐに連絡を入れるために、アミラさんらの案内をやむなく中止し、午前11時30分ごろにはアミラさんらと別れた。歴史の記憶の物理的抹殺。何とも救いのない行為ではないか。だがやった人間たちには救いなどはじめから脳裏にはなかったのかもしれない。

その後の経緯は周知の通りだ。沖縄県警・嘉手納署は、事件の容疑者として沖縄県中部に住む16歳、18歳の無職の少年と19歳の高校生、17歳の型枠解体工の少年の計4人を器物損壊容疑で逮捕した。少年たちは「心霊スポットに肝試しに行こうと思った」などと供述しているという。また犯行の模様を動画で撮影していたという。筆者の取材によると現場には10日の日曜日の午前中にバイクで8人で行き、4人は犯行には加わっていない。そのなかには制止した者もいたという。逮捕のきっかけとして、嘉手納署以外の警察署に電話で「少年たちがやった」という通報があったという。反省の弁も供述していると。

嘉手納署は早々と「政治的背景はない」と言明している。だが全体的に情報が十分につまびらかにされていない。少年事件だという面があるとはいえ、情報開示があまりに制限されているのではないか。那覇で会った知人たちは一様に「肝試し」という動機に引っかかりを感じていた。と同時に沖縄県警の発表内容や発表の仕方にもどこか違和感を持っていた。現場の第1発見者である知花さんも「肝試しと壊すという行為の間に大きな飛躍があるのではないですか」と言う。同感だ。どう考えても「肝試し」と「破壊行為」は次元が違うだろう。

荒らされたチビチリガマを清掃する遺族会の與那覇徳雄会長
(写真奥) ら＝9月16日、読谷村

さらに4人（全部で8人）の少年たちがどういう間柄なのかが一切明らかにされていない。いわゆる暴走族なのか。あるいは右派系団体の周辺にいる「パシリ」のような集団なのか、あるいは全くそのような範疇《はんちゅう》とは別の遊び仲間なのか。

さらにあえてウチナンチューではない立場から指摘させていただければ、沖縄県警は言うまでもなく、沖縄県民の生命と財産を守り、県民が安心して暮らしていけるように職務を行うことが求められている。それが、辺野古や高江での警備活動のありようや、さらに市民集会周辺での動きなどをみていると、県警は誰のために仕事をしているのかと疑いたくなるような事例がみられることがある。

たとえば、県庁前広場で市民集会が開かれる際など、大音量をまき散らしながら街宣車が往来し、耳をつんざくような音量が検知されているのに（それ自体が違法行為だ）、県警は何もせずに放置していたりする。おかしな話である。今回の事件での適切な情報公開が求められる（地元メディアも頑張ってほしい）。

事件後、行政や遺族会、平和教育関係者らは、「語り継いできた平和教育が彼らの心に届いていなかった。これを機に今後一層、平和教育、道徳教育を拡充させていく」と述べていた。読谷村ではガマ周辺に防犯カメラを設置することも検討しているという。

だが、僕は那覇市内で話した知人の言葉が耳に残っている。「射程外の若者たち」。平和教育など全く興味もなく、基地問題など関係ない。県内に拡《ひろ》がる格差社会のなかで、どこからも打ち棄てられた、行き場のない若者たちが、チビチリガマを心霊スポットとしか捉えられないとしても、それは彼らだけの責任ではあるまい。そのことに向き合わない限り、何も僕らは学んだことにならない。

●2017.11.15 日米首脳会談直前、問答無用の護岸工事

ここまであからさまな「隷従」ぶりを内外に堂々と見せつけられると、もはや「隷従」が日本人の遺伝子に植えつけられた固有の属性なのではないかと誤解してしまうほどだ。もちろん誤解だ(と信じたい)。トランプ大統領の初来日の際の僕らの国の対応ぶりのことを言っているのだ。

一連のアジア歴訪の皮切りが日本訪問だった。アメリカの有力紙「ワシントンポスト」は「Japanese leader Shinzo Abe plays the role of Trump's loyal sidekick.」との見出しを掲げて辛辣《しんらつ》な記事を掲載した。見出しは「日本の指導者、安倍晋三氏はトランプ氏の忠実な手下の役割を演じている」というほどの意味だ。

記事の中では、日米共同記者会見の際に、トランプ大統領が用意された原稿を読み上げて日本の経済パワーの発展ぶりを持ち上げたあとに、突然アドリブで安倍首相に向かって話しかけた内容が紹介されている。「でも（日本経済は）アメリカ経済ほどじゃない。だよな？（Okay?）」。それがまるで親が子どもを諭すような口ぶりだったとこの記者は書いていた。

そのうえで、トランプ大統領はダメを押すように「我々はこのままでいく。だから君らはいつも2番手だ」と付け加えた。おそらく安倍首相は言われていることの中身を理解できなかったのだろう。曖昧な笑みを浮かべるばかりだった。何という子どもじみた発言をする大統領だろうか。イギリス、フランス、ドイツの首脳には絶対にこんな非礼な言葉は吐かない。中国の習近平主席にも絶対にこんな失礼な物言いはしない。日本だからやった。そこをワシントンポスト紙は逃さなかった。

僕ら日本のメディア（特にテレビ）はと言えば、「日米関係史上最も親密な」両首脳の動向とやらを詳細に時々刻々と報じた。大好きなゴルフをした、米国産牛肉のハンバーガーを食べた、コイに餌をやった、夕食にウェルダンのステーキを食べた、天皇陛下に会いに行った、メラニア夫人が習字を体験した、共同記者会見をやった、ピコ太郎が招待されたレセプションが盛り上がった……。

テレビ報道に長年身を置いてきた僕も、率直に言うのだが、辟易《へきえき》するほどのヨイショ報道ぶりだった。文芸評論家の斎藤美奈子氏は言う。「米大統領を歓待する日本の首相はまるで宗主国の君主を迎えた被植民地の首領。それを嬉々として伝えるテレビは批判精神のカケラもないお祭り報道のようだった」（東京新聞『本音のコラム』より）。ごめんなさい。その通りです。

多くの日本の報道で触れられなかった重要なことがらがある。それはトランプ大統領が、在日米軍基地である横田基地に降り立って入国し、帰りも横田基地から次の訪問地・韓国へと飛び立って行ったことである。かつて来日した米大統領は必ず羽田空港など「表玄関」の日本の民間空港に降り立った。こんなケースは初めてだ。

この横田基地を出入国に使う案は、9月の上旬にアメリカ側から一方的に通告されたのだという。警護上の理由もあるが、ひとつには、アメリカへの実質的な領土提供地（地位協定によって治外法権が認められている）である在日米軍基地に降り立つことによって、北朝鮮へのある種の威嚇的サインを発したという意味があるという。

アメリカの大統領が米軍基地に降り立つ典型的な例は、戦争中のイラクやアフガニスタンの前線の米軍基地を電撃訪問して、兵士や家族らを慰問するというケースがある。それを今回の日本、韓国訪問でやってのけたというわけだ。日米関係の古くからの研究者のなかからは「マッカーサーの厚木基地上陸を髣髴《ほうふつ》とさせた」という声まで聞こえてくる。けれども今は占領時代とは「ちーがーうーだーろー」（©豊田真由子元議員）。

さて、実は本土のメディアでほとんど触れられなかったもうひとつの非常に重要なことがらがある。11月6日の日米首脳会談で日米双方が、米軍普天間飛行場の名護市辺野古への移設を「唯一の解決策」だと再確認したという点だ。さすがに沖縄の地元紙は本紙もこのことを1面トップで取り上げていたが、本土のニュース（特にテレビ）ではほとんど触れられていない。共同記者会見でも全く言及されなかったし、誰も質問しようともしなかった。

そして致命的に重要なことは、この日米首脳会談に先立つこと、3時間の午前10時半過ぎから、辺野古で沖縄防衛局が新たな護岸工事に着手したことだ。だから首脳会談で「再確認する」前にすでに既定方針として、有無を言わさずに基地の建設工事を進めていたのである。これが両首脳の言うところの「よりグレートな同盟関係」の実態というわけだ。

僕は想像する。日米首脳会談に意図的にぶつける形で、しかも先取りする形でこの日に護岸工事着手を命令した人物は誰か？　これまでも沖縄県の国政選挙で、辺野古反対派の議員が当選した投開票の翌日などを意図的に狙って、移設工事再開を命令してきた人物がいたではないか。この問答無用の国家意思の命令者がいる。今回のトランプ大統領の日本訪問で、沖縄はまたしても、日米同盟深化の掛け声のもとで「切り捨てられた」のではないか。

沖縄の写真家・石川真生がライフワーク（文字通り、命がけの作品）として制作している『大琉球写真絵巻』の撮影シーンを含むテレビドキュメンタリーをみた（11月11日。ETV特集『熱き島・沖縄を撮る　写真家・石川真生』）。番組のなかで、アメラジアンとして半生を生きてきた比嘉マリアさんの発言に涙した。写真家・石川真生にとって、撮ることは生きることだ。

名護市の辺野古沿岸部で、新たに始まった護岸工事＝11月6日午前

しかし、写真家ではない僕らにとって、トランプ大統領との「濃密関係ショー」が一通り終わって、今突きつけられているのは、これ以上、本土とアメリカの同盟深化のために、なぜ沖縄が切り捨てられ続けなければならないのか、という問いである。

●2017.12.26
ヘリ窓落下で見えた不平等構造

2017年も暮れようとしている。歳を重ねてきたのに、寛容なこころが育まれるどころか、この連載のタイトル通り、ワジワジーすること多かりき。まだまだ修行が足りないのか、はたまた世の中の劣化のスピードがより加速された故か。沖縄の神々とキジムナーのみぞ知る。

翁長県政の3年が過ぎた。地域としての自立精神と経済発展は着実なものになりつつある。県を訪れた観光客数もこの3年で大いに伸びた。台湾、韓国、中国本土、香港といったアジアからの観光客が着実に増えている。本土政府レベルでは、日中関係がぎくしゃくしているが、沖縄では良好だ。沖縄経済が安定化していく一方で、県内の経済格差が拡《ひろ》がった。地域間の格差と世代間の格差。

そもそも格差は「歪《ゆが》み」なのだから、これが「本土並み」になってはよろしくない。結い、ゆんたくーのこころが「歪み」をただしていくだろう。

さて、そうしたなかで、沖縄が積年背負わされ続けてきた構造的な問題＝基地問題は、解決からどんどん遠ざかっているように思う。これは米軍基地だけではなく自衛隊基地の配備・建設についても言えることだ。一義的な責任は、聞く耳を持たない東京の本土政府にある。「地政学的に」基地は沖縄に必要という、わけ知りな言説に惑わされてはならない。要は「弱い者いじめ」をしているのである。新しい米軍基地を県内にはつくってほしくない、本土も負担を分担してほしい、という沖縄県民の多数派の声は、ことごとくないがしろにされてきた3年でもあった。

この原稿を書いているさなかに、宜野湾市立普天間第二小学校運動場に、米軍ヘリコプターから「窓」が枠ごと落ちてくるという事故があった。重さ7・7キロ、90センチ四方の輸送ヘリの窓だ。落下地点からわずか10メートル先に子どもたちがいた。あわやの事態だった。あれがもし本土の首都圏の小学校校庭で起きていたならば、本土の大メディアはもっと、もっと大騒ぎしていたのではないだろうか。せめて日馬富士報道の10分の1でも費やして報じていたならば……。僕は思う。ひょっとして本土の大メディアのニュースの編集長たちの意識のなかにこんな考えが潜んでいるのではないかと。「沖縄だから仕方ないか」。

沖縄県警は、県民の生命と財産、安全を守るために警察権をもっている。正確に言えば県民から権利を委託されている。けれども彼らも初めから「捜査」ではなく「調査」ベースで検分していたようにみえた。米軍絡みの事件・事故については構造的な壁があるのだ。日米地位協定。よほど例外的な凶悪事件をのぞいては、身柄の引き渡しや証拠品の押収については地位協定に従う。

その地位協定の中身が著しく不平等、植民地的なのだ。証拠品の「窓」は地位協定に基づき米軍に返還された。子どもに健康被害が出ているのに過失責任は立件されない。これが不平等でなくて一体何が不平等だと言うのだろうか。地位協定ひとつ変えられない本土政府のトップたちが「憲法をかえたい」などと言うのだから倒錯している。

今度の窓落下事故で、普天間飛行場の危険性除去→辺野古への移設を急がなければならない、というのは詭弁《きべん》である。では辺野古なら落ちていいのか。たった3カ月前に東村高江にヘリが（「窓」ではない。本体だ）畑に不時着して（実態は「墜落」に限りなく近い）大破・炎上したではないか。トランプ米大統領は、ヘノコ、フテンマなどという地名なんか知らないし（エルサレムは知っている）、武器を日本に売ることに関してはしっかりと頭に入っている。アメリカの利益のために醜悪なほどにすり寄る本土政府を私たちはこれでもかと言うほどに見てきた年でもあった。ああ、ワジワジーする。瀬長亀次郎の爪の垢《あか》の粉末をまぶしても彼らには全く効き目がないだろうなあ。

そんななかで、一筋の希望の光がほのかに見える出来事がいくつかあったのも2017年だった。『ニュース女子』という番組で、沖縄の基地反対運動に対する誤った情報と偏見を垂れ流しにした

米軍ヘリの窓が落下した痕跡を指さす普天間第二小学校の大村朝永教頭（右）＝12月13日午後、宜野湾市・同校グラウンド

本土の東京MXテレビに対して、BPO＝放送倫理・番組向上機構の放送倫理検証委員会は14日、「重大な放送倫理違反があった」とする意見を公表した。事実に基づかない内容を放送したことと、放送局が放送前に番組をチェックする機能が全く働いていなかったことを厳しく指摘する内容だった。つまり「放送されてはならぬものを放送した」（BPO当事者）との認定だ。

ただ、この『ニュース女子』の放送に対しては、沖縄のメディアは地元2紙を除いては、同業のテレビ局の対応は非常に鈍かった。唯一の例外は、大阪・毎日放送（MBS）の『沖縄　さまよう木霊～基地反対運動の素顔～』という調査報道番組だった（ギャラクシー賞受賞）。同番組の斉加尚代ディレクターの地道な取材と慧眼《けいがん》と勇気に敬意を表したい。

残る2つの希望。「ステージ4」のがんとたたかっている沖縄の写真家・石川真生さんの大琉球写真絵巻プロジェクトの取り組みと、それを取材して報じたNHK・ETV特集。そこには未来に託す希望がある。NHKスペシャルの『沖縄と核』も大変な労作だった。

そして今年の最後に記しておきたい希望の光。肝試しと称して、沖縄戦のさなか集団自決のあった史跡・読谷村チビチリガマを荒らし保護観察処分を受けていた沖縄の少年たち4人が、自らの行為について「とんでもないことをしてしまった」との思いからチビチリガマに出向き、遺族に謝罪したとのこと（12月6日）。保護観察官の適切な指導・努力が奏功した形だが、この意味は大きい。こうした動きが、ワジワジーすることどもに対する「抗い」＝レジスタンスとして形になったのだ。

新しい２０１８年が、より濃密な「抗い」の年になる予感がする。読者の皆さま、よき年末年始をお過ごしくださいませ。

2018年

沖縄では空から窓が降ってくる。

壮絶な命がけの宣言でもあった。この姿を県民たちはどう受け取っただろうか。

若者たちが駆け寄ってきてカチャーシーの乱舞が始まった。
デニー氏も体全体で喜びを表現するように踊っていた。

●2018.1.26
小学校上空飛行めぐる欺瞞

沖縄では空から窓が降ってくる。沖縄の詩人・山之口貘が生きていたら、どのような詩を紡ぎだしたことだろうか。怒り、そしてそれを包み込むユーモアが貘の詩の根底にある。

アネッタイ！ と女は言つた
亜熱帯なんだが、僕の女よ、
眼の前に見える亜熱帯が見えないのか！
この僕のやうに、
日本語の通じる日本人が、即ち亜熱帯に生まれた僕らなんだと僕はおもふんだが、
酋長だの土人だの唐手だの泡盛だのの同義語でも眺めるかのやうに、
世間の偏見達が眺めるあの僕の国か！

（山之口貘「会話」より）

この詩が発表されたのは１９３５年。それから81年の歳月を経て、沖縄で米軍基地建設反対運動に加わっていたウチナンチューに対して、大阪府警の機動隊員が「土人」という言葉を浴びせたこ

とは記憶に新しい。「世間の偏見達」は亡霊のように生き延びている。そして今、一言、文句を付け加えたい。在沖米軍の軍人たちは、沖縄の海や陸や空は、自分たちが自由自在に振る舞える領地だとでも思っているのではないか。

そう書くのにはもちろん理由がある。

前回の「新・ワジワジー通信」にも記したように、先月、宜野湾市の普天間基地に隣接する普天間第二小学校の校庭に、米軍ヘリCH53Eから窓が枠ごと落下した。重さ約8キロ、校庭の近くに50人ほどの子どもたちがいて、あわやの事態だった。在沖米軍は度重なる飛行中止要請にもかかわらず、わずか6日後に同型ヘリの飛行を再開した。同小学校の校庭はあれ以来、年をまたいで使用中止になったままだが、今月18日、同小学校が、校庭の使用再開に向けて、子どもたちのため軍用機からの落下物から身を守るための避難訓練を行った直後、その出来事が起きた。

午後1時25分ごろ、何と同小学校上空を米軍ヘリ3機が飛来したのである。まさか、そんなことを軍人たちはやるだろうか、と僕は耳を疑った。ところがその3機が飛来する姿をカメラが捉えていたのだ。それも沖縄防衛局が同小学校に設置していた監視カメラによって撮影されていたのだった。この子どもたちの避難訓練の模様は地元沖縄の各メディアが取材に訪れていたが、大部分の報道陣が帰社した直後だったようだ。

沖縄防衛局および防衛省は、今回は珍しいことに怒ってみせた。何と言っても沖縄防衛局の職員たちがその現場にいあわせていた事実が大きい。彼らは自分たちの目で飛行を確認したし、監視カメラの映像をただちにチェックして「ああ、これは逃げられないな」（同局幹部）と認識したという。小野寺防衛相もただちに在日米軍のシュローティー副司令官に抗議した。そして防衛局撮影の映像を公開した。これは実に珍しいことだ。

その後、米軍側から「小学校上空を飛行した事実はない」との説明があったというが、小野寺防衛相は「ヘリのおなかがはっきりと見えるような形で上空を飛んだ場合、子どもたちや先生方は本当に心配する。このような飛行をしないように米軍側にはしっかりと求めていきたい」と語った。どうせ、選挙目的の県民向けリップサービスだろう、とするうがった見方もあるが、今回ばかりはそう思いたくない。

米軍側は22日になって再び、小学校上空の飛行を否定した。在沖米軍のクラーク大佐が、地図や航跡データをもとに、「当日の飛行は普天間第二小学校と（数百メートル離れた）普天間中学校の間の上空だった」と言明したという。これに対して沖縄防衛局の中嶋浩一郎局長は「我々としては監視要員もしっかりと見ておりますし、それからカメラでも確認しておりますし、どう考えても上空なんです。決して、かすめているとか、そういう問題じゃないんですよね」（22日の県議会代表団に対する発言）。きわめてクリアな発言だ。

明らかに在沖米軍は問題をすり替えている。「上空」を小学校の校庭の垂直真上の空間に限定して、そこから少しでも外れていればＯＫだとでも言い抜けるつもりのようだ。「上空」をそんなふうに限定すること自体、言葉遊びの類に属する欺瞞《ぎまん》だ。ならば、窓を落下させたヘリは校庭の垂直真上の空だけから窓を落としたとでも言うのか。窓はヘリの加速度の影響を受けて落下したのであって、垂直真上から垂直に落下したのではない。

実際、在沖海兵隊の基地上空でのヘリの飛行ルートにはある「規範」があって、これは矢部宏治氏が入手した米軍の訓練ルートの航跡図から明らかになったのだが（２０１４年『日本はなぜ、「基地」と「原発」を止められないのか』による）、米軍ヘリは米軍住宅の上空は決して飛ばないことになっている。米軍家族の住宅の上空（これは決して垂直上空だけを意味しているのではない）は飛ばず、沖縄の小学校や中学校の間ならばＯＫだとでも言うのか。これは根源的な差別ではないのか。

米軍ヘリが小学校上空を飛行した18日から22日までの沖縄ローカルの報道機関のこの問題についての報道ぶりをみていて、沖縄テレビやＮＨＫ沖縄の報道が実にきちんとしていたという印象をもった。なかでも22日の沖縄テレビ『みんなのニュース　おきコア』ではキャスターがこのように関連ニュースを締めていた。

〈今回、アメリカ軍は、ヘリが学校上空を飛行していないという説明の中で、地図を示しましたが、県議会の提供の求めは拒否したということです。日本側が学校上空の飛行を確認しているなかで、それを認めないのであれば、その根拠となるデータを明らかにするべきで、アメリカ軍の開き

直りともとれる姿勢に、県民の不信感は募る一方です。〉

そこで、冒頭で触れた詩人・山之口貘の精神に戻ろうではないか。飛んでいたのに、飛んでいないと言えばいい。これがまかり通るのであれば、泥棒が、盗んだのに「一時的に保管していました」とでも言えばいい。台風が来ているのに「今日は、人によっては、いい天気です」とでも言えばいい。女性を強姦《ごうかん》した糞《くそ》野郎が、刑事責任を問われなかったのだから「無罪放免です」とでも開き直ればいい。つまり日常生活を律する常識が成り立たなくなってしまうのだ。ああ、ワジワジーするさ。

今回、防衛省は怒った態度をとっているが、一方では、ＮＨＫスペシャルの秀作『沖縄と核』が報じたように、アメリカ国防総省とエネルギー省が連名で、復帰前の沖縄に核兵器を配備していた事実を認めている（２０１５年６月の公文書あり）にもかかわらず、日本の外務省は「復帰以前の沖縄への核配備は承知していない」などと、ふざけた見解をとり続けているのだから呆《あき》れてものが言えない。

そういえば、現在の政権は、森友学園問題でも加計学園問題でも、在沖米軍の「飛んでいたのに飛んでいない」主張と同レベルの逃げとごまかしを続けていることを僕らは見てきているのだ。これを黙っていていいはずはない。

●2018.3.5
「歌」が響かなかった名護市長選

自慢じゃないけれど、僕は沖縄で聴く歌や音楽が大好きなヤマトゥンチューのひとりだ。沖縄民謡は古典から新作まで呆《あき》れるほど好きだし（大工哲弘、嘉手苅林昌、登川誠仁、古謝美佐子、知名定男、照屋林助、大城美佐子、山里勇吉、喜納昌吉、あ、もちろんこれはただただ思い出した順番に書き出しているだけの順不同ですからね）、沖縄発のロック（伝説の紫やコンディション・グリーン、喜屋武マリーからモンゴル８００に至るまで全部含めて）や、フォークソング（佐渡山豊、まよなかしんや）、ポップ（ＢＥＧＩＮ、SakishimaMeeting、りんけんバンド、ディアマンテス）とか、歌謡曲（フィンガー5、南沙織から安室奈美恵）、ラップ（Chico Carlitoとか）を知った。

30年前、僕はコザ（現在の沖縄市）の小さなライブハウスで聴いた歌が心に突き刺さってくるのを感じた。嘉手納基地のお膝元で幼少期から生きてきた知念良吉さんの人生に裏打ちされた歌に魅了された。

ああ　どこへゆく　オキナワンボーイ
美しかったものは　泥だらけ
ああ　どこへゆく　オキナワンボーイ

夢まで　用意されていた

（知念良吉『どこへゆく　オキナワンボーイ』より）

海洋博後の海洋汚染や石垣空港建設といった出来事が沖縄で語られていた時代のことだ。2018年2月の名護市長選挙の取材で、辺野古の護岸工事がどのような状態になっているのかを海上から船に乗って取材をしていた時だった。この30年以上前につくられた曲が突然僕の頭によみがえってきた。〈美しかったものは　泥だらけ〉

キャンプシュワブの護岸にはクレーンが林立していて、ショベルカーで土砂が刻々と搬入されていた。その日は悪天候で、護岸工事の作業は規模が縮小されていたのだが、護岸工事の規模自体が去年の6月に海上から取材した際と比べると、とんでもなく拡大していた。沖縄県のいくつかの選挙結果で示された「新基地建設ノー」の民意なんか全く聞く耳をもたないとでも言うかのように、菅義偉官房長官の表現で言えば、「粛々と」工事は進められていたのだった。

名護市長選挙の結果がどのようになろうとも、新基地建設工事は有無を言わせずに「粛々と」力づくで強行されていたのである。だが、そのあまりにも巨大な新基地建設のプランから考えると、現段階は、まだまだ入り口の入り口に過ぎない。それはまるで、福島第一原発の廃炉作業が、入り口の入り口段階に過ぎないのと似ている。事業主体というものは作業の進捗《しんちょく》状況を誇大に強調したがるものだ。

もうひとつ、知念良吉さんの歌の〈ああ　どこへゆく　オキナワンボーイ〉という言葉でイメー

名護市長選後、２日目。キャンプ・シュワブ海岸では、新基地建設は着々と進む。「Ｋ２」護岸では、砕石を海に投入する作業が続いた＝２月６日正午過ぎ、名護市辺野古の米軍キャンプ・シュワブ

ジに浮かんできたのは、名護市に住んでいる若い有権者たちの選択のことだった。名護市長選挙の勝敗分析で、公明党票約2千票が今回は「稲嶺おろし」に回ったという見方がされたが、もうひとつ重要なことは、4年前の市長選挙では選挙権のなかった18歳、19歳の有権者、1775人(1月27日までの選挙時登録)の投票動向が今回は決定的だったことだ。

沖縄タイムス、琉球新報、共同通信が実施した出口調査では、10代の9割が、20代の8割が稲嶺候補「ではない」側に投票していた。10代の名護市の若者たちにとっては、基地反対運動なんかよりも「名護市にスターバックスが来る」という選択や、「ごみ分別が16種から5種に減る」方が、もっと重要だと判断したんだろうか。たとえば、小泉進次郎議員が遊説スタート地点に選んだ県立名護高校前に集まった君たちも、そのように投票したんだろうか。それはそれでいいや。僕は何にも言いたくない。「国策」である辺野古新基地建設の是非を、若いというか、まだ幼い君らに背負わせている本土の人間である僕らの方に途轍《とてつ》もない責任があるのだから。

君らは小泉進次郎や三原じゅん子の顔をみられてよかったね。それは羽生結弦選手をみるために成田空港に出迎えに行った若者たちとそんなに変わるものじゃない。けれど、それで名護市のどこがどう変わるんだい? 彼や彼女はもうしばらく名護には来ないぜ。彼ら彼女らは、お呼びがかかればどこにでも行く国会議員の人気者だ。名護だけにいつまでも関わってはいられない。次は石垣市かもしれないし、その次は沖縄市かもしれない。呼ばれればどこにでも行って、耳触りのいいことを言って帰る人たちだ。何てかっこいい人たちなんだろう。君らはそう思ったかもしれない。
君たちは普段どんな歌を聴いているんだい？　君らがおそらく票を投じたであろう候補者（現市長）の選挙キャンペーンで、多額のお金をかけて作曲された歌を聴いたかい？〈勝つぞ　渡具知勝利の男　勝つぞ　渡具知〉何だか軍艦マーチみたいな曲だったよね。君らはでもそうは思わなかったのかもしれない。だって稲嶺進さんの陣営には歌なんかなかった。選挙戦というものは一種の祭りだ。そこに音楽や歌がないなんて君らの感覚では、信じられるかい？
敬愛する古謝美佐子さんがネーネーズ時代に謳《うた》った名曲に『黄金の花』がある。僕はこの曲が大好きだ。

素朴で純情な人たちよ　本当の花を咲かせてね
黄金でこころを捨てないで
黄金の花は　いつか散る
（ネーネーズ『黄金の花』より）

辺野古の護岸工事の行われていた大浦湾の美しい対岸で、古謝さんにこの歌を歌っていただいたことがある。いつのまにか、僕らは歌を忘れていないだろうか？　でね、どうせ歌うならかっこいい魅力的な歌を歌おう。あなたの歌っているその歌は、名護の若者のこころには全くもって響いていなかった。僕はそう思う。

●2018.4.1
名護の若者たちを批判したのではない

僕らは今、政治の言葉の劣化を日々まざまざと目撃している。あったものをなかったとウソをつき、ひそかに改ざんした公文書を、国権の最高機関である国会に提出してでも、自らの保身と延命を図ろうとする政治家や官僚たちが跋扈《ばっこ》する国に僕らは暮らしている。何か根源的なものが決壊してしまったのだ。言葉の劣化は政治の世界にとどまらない。批評の世界の言葉もそうなっていないかどうか。

3月5日付けの本欄〈どこへゆくオキナワンボーイ　歌が聞こえなかった名護市長選〉に関して、熊本博之さんという方が本紙3月23日の文化欄に寄稿されているのを読んだ。〈名護の若者は「未熟」か　批判は暴力的　民意尊重を〉との見出しで、僕の文章を批判されていた。僕は熊本さんという方を全く存じあげていない。未知の方からの批判ではあるけれど、読者の誤解を防ぐために以下、書かせていただく。今のタイミングで本欄ではもっと他に書くべきことがたくさんあるが、やむを得ない。

名護市長選挙において、若者票を取り込む戦略を渡具知武豊陣営がいかに重視していたかは別の箇所ですでに記しているので、お時間のある方や熊本さんもそちらをご参照いただければ幸いである（『調査情報』３／４月号「あまりにも誠実な人物が、あまりにも残酷に扱われるのを、僕は見ていた」や、WEBRONZA『漂流キャスター日誌71』「最も誠実な市長が、最も残酷な形で…」）。そこでは例えば、渡具知陣営に多くの若者運動員を見かけたので、直接身元を確かめてみたら、公明党青年局の若者たちが県内から動員されていた事実があったことや、小泉進次郎議員が最初の遊説場所として名護高校近くを選んで、そこで高校生たちからスマホ撮影攻めにあっていた行状などを紹介した。

それに比べて稲嶺進陣営には高齢者が多く、そして若者たちが少なかった。もちろん少数の例外はある。選挙運動の基盤をなす資金力、動員力、宣伝力では比較にならないほど差があったことは、現場を取材すると残酷なくらい伝わってきた。けれども勝敗の決定的な要因はやはり、公明党沖縄が今回は「稲嶺おろし」に回ったこと、そして18歳、19歳といった新規有権者の若者たちの投票動向だったと僕は取材を通じて実感した。公明党票の動向は予想できたが、若者たちの票を獲得することは、稲嶺陣営にとっては喫緊の課題だったはずだ。でもその取り組みがなされていないように僕は取材を通じて思った。

だからこそ僕は、若者たちにとって、とても大事なもの＝音楽という要素を通して、稲嶺陣営には歌がなかったこと、運動の場で歌がどんな力を参加者に与えてくれるのかを問いかけたつもりだ。

稲嶺陣営には歌を発するという発想がそもそもなかった。

で、熊本さんの批判だが、全く的を外している。大体僕はタイトルにある「未熟」などという言葉を記してはいない。基地反対運動よりも、スタバが来るとかごみ分別簡略化が〈もっと重要だと判断したのだろうか〉とは記した。彼ら若者たちに直接呼びかける形にしたかったからだ。一部の評論家や世論調査学者のような、自分をカッコに入れるような仕方ではなく。〈まあ、それでいいや、僕は何も言いたくない〉の表現を熊本さんは「言論人としての責任を放棄している」とおっしゃる。何を言っているのだろう。

僕は、スタバやごみ分別の方が基地反対運動よりも重要だと、たとえ彼らが判断しても、それはそれで仕方がないと思っている。熊本さんが記していた、ゲート前の「住民と敵対する運動のあり方」なるものをみて「辺野古を前に進める」とか叫んだ渡具知陣営の若者がいたとしても、ほんとうに悲しい気持ちがしても、それもやむを得ない現実だと思っているのだ。それくらい〈彼ら〉＝国家は「暴力的に」基地建設工事を進めているのだから。「暴力的」という形容詞はこういう際に使うのであって「幼い」という言葉を使ったことが「暴力的」とは、熊本さんは本当の暴力をみたことがおありなのだろうか？

大体「幼」くたっていいではないか。投票権はある。今の総理大臣夫妻の方がよほど「幼い」。さらにこれは大きな誤解だが、僕が〈あなたの歌っているその歌は、名護の若者のこころには全くもって響いていなかった〉が古謝美佐子さんの歌だなんて、僕は1行も書いていない。僕が念頭にあったのは、〈どうせ歌うならかっこいい歌を歌おう〉と、古謝さんや知念良吉さんのように。

基地反対運動の現場で歌われている歌は、あえて書くのだが、魅力が乏しい。『座り込め、ここへ』とかは、今の若者たちが一緒に歌いづらいと思う。『沖縄を返せ』の歌詞の主語は〈本土〉の人間ではないか、という鋭い問題意識から、大工哲弘さんは〈沖縄をかえせ　沖縄「へ」かえせ〉と歌い替えた。そのまんまは気色悪い。沖縄には豊かな歌がもっとある、あるいは生み出せるのではないか。

熊本さんが紹介していた、渡具知市長の方が「辺野古が前に進む」からマシだと思ったらしい若者は今どう思っているのだろうか。渡具知市長が就任早々、定例記者会見制度を廃止しても、市民の要望を国に直接伝えてくれて市政がよくなったと思っているのだったら、それはそれでいいのだ。僕は熊本さんの言うように「さげすみに似た嘲笑」なんかする気は全くない。だって僕は今も目の前に、沖縄のことなんか全く眼中にもない本土の若者たちに日々接しているのだから。

沖縄の若者たちとどのように関わりをもっていくか。去年、チビチリガマの遺品を傷つけた沖縄の若者たちを指導した金城実さんらの行動に僕は敬意を表する。金城さんは、少年たちにチビチリガマの歴史を説いたうえで、遺族らへの謝罪を経て、少年らとともに仏像をつくってガマの前に12体を設置した。

いつの日か「幼い」名護の少年たちがゲート前に座り込む日も来るかもしれない。銃規制を求めて米首都ワシントンで「命のための行進」を行った若者たちのように。僕はそう思っている。

●2018.5.8
憲法及ばぬ沖縄から見える改憲の笑止

この文章を書いている今日5月3日は憲法記念日だ。新聞社の原稿もいろんな締め切りの約束事というものがありまして（笑）、この原稿が掲載されるのはおそらく憲法記念日が過ぎた頃だろう。でもさすがに憲法記念日の日ばかりは、新聞もテレビも憲法をめぐるニュースや特集を比較的多く報じていた。このところの政権側の〝改憲〟への前のめり姿勢も強く反映しているのだろう。それらを概観してみて、多くのマスメディアが、この期に及んでも、〝改憲〟〝護憲〟の両論併記的な「バランス感覚」という名のある種の「傍観者の場所」へ逃げ込んでいるのではないか、という印象を強くもった。僕自身は、そうした姿勢は、現実に対して全く無力な責任放棄のレベルに達しているのではないか、と思えてならない。もちろんバランスを配慮するのはメディアとして当然だろうという声もあることはあるが。

さて、憲法をめぐる諸状況を考える時、沖縄の地から憲法を語るということは、本土とは違うある特別な重みを持つ。こういう言い方が適切なのかどうかは分からないが、より切迫した緊張感とリアリティーをもって、憲法が語られる必然性があるように思うのだ。

日本国憲法施行71年というが、沖縄の場合、それは事実ではない。沖縄は憲法が施行されてから46年しかたっていない。１９７２年の本土復帰に先立つ27年間は、米軍占領統治下の「無憲法状態」にあった。だから本土復帰の実現によって、沖縄が日本国憲法の庇護《ひご》下に入ったことを当時の県民は素直に喜んだ。これでいつの日かは憲法の平和主義によって、在沖米軍基地は撤去されることになるだろう、本土並みに、と。亡くなられた元沖縄県知事の大田昌秀さんは、お会いしたたびに「本土復帰で、ああこれで沖縄も憲法に守られることになったという熱い思いがあったんですよ」と話されていた。だがこの思いは無残に裏切られた。沖縄は、今の日本の都道府県の中で最も憲法が蹂躙《じゅうりん》され、ないがしろにされている反憲法的な状況に置かれ続けている。翁長雄志沖縄県知事も、記者会見等で再三述べている。「地位協定が憲法の上にあるんじゃないかと」。沖縄県民はそれを肌感覚で知っている。つまり、日本国憲法の上に日米安保条約と日米地位協定があるということを。

いくつかの光景を思い出してみよう。１９９５年9月、米兵による少女暴行事件が起きた際、米軍当局は当初、米兵3人の身柄を沖縄県警に引き渡そうとはしなかった。米兵らはどんな凶悪事件を起こそうと、日米地位協定に守られていたのだ。2004年8月、米軍海兵隊のヘリコプターが沖縄国際大学の構内に墜落炎上した際、米軍は事故現場一帯を「封鎖」して、銃で武装した兵士が、沖縄県警、沖縄の消防、行政職員、報道機関の記者やカメラマン、さらにはあきれたことに沖縄国際大学の教職員、学長に対してさえ構内への立ち入りを禁じた。何の権限で？　日米地位協定によってだ。これほど憲法に反した振る舞いがあるだろうか。警察や消防の、国民の基本権を守るための職務行為を妨げる。行政職員の正当な業務遂行を妨げる。メディアの取材活動を妨げることで国民の知る権利を侵害している。ましてや大学の最高管理責任者である学長の職務まで妨げる。これを反憲法的と言わずしてどう言えばいいのか。沖縄ではこうした反憲法的な行為が米軍によって本土復帰後も繰り返されてきたのである。もっとはっきりと問おう。沖縄では復帰から46年たった今も、言葉の正確な意味で、日本国憲法が施行されていないのではないか。

在沖米軍の兵士・家族らは、沖縄県の高速道路を走っても高速料金が実質的に免除されている。在沖米軍基地内のバーで働くバーテンダーたちの給料、ナイトクラブ支配人の給料、ゴルフコースの維持管理従業員の給料、ボウリング場の従業員の給料などは、日本国民の税金でまかなわれている。在沖米軍基地内の将校用住宅の庭の芝生用スプリンクラー料金は、日本国民の税金から支払われている。思いやり予算。こんなことで驚いてはいけない。過去、在沖米兵たちが起こした数々の刑事犯罪の犠牲者・家族に対する弔慰金、慰謝料、見舞金なども、日米地位協定に基づく「特別勘

３日間を通して、少年たちが事件と向き合いながら作った野仏。チビチリガマ周辺に 12 体が設置された＝１月 25 日、読谷村波平

定」「基金」などから支出されてきた疑いがある。まるで「植民地」ではないか。何が憲法の庇護だ。法の下の平等を宣言している日本国憲法の精神に著しく反していないのか。沖縄の人々は、それを訴え出る権利がある。日本国憲法を改正とか言う前に、日本国憲法を沖縄県にきちんと施行してほしいと。日米地位協定さえ改定できない日本の政権与党が、今こそ改憲の時だとは。笑止である。おしまいに。畏友・白井聡さんの新著『国体論　菊と星条旗』（集英社新書）は、なぜ以上のような事態が出現したのかを考えるための根源的思考がなされた労作である。他人の著作ながら熱烈にお薦めしておきたいのだ。沖縄のことを考えるためにも。

●2018.7.5
73年目の慰霊の日　知事、命がけの訴え

頭を冷やして考えてみようではないか。アメリカ人の民間人が沖縄で起こした凶悪刑事事件の賠償の支払いを、なぜ日本政府が肩代わりしなければならないのか。

先月29日、中国、韓国の歴訪を終えた帰途、東京に立ち寄ったマティス米国防長官は、小野寺防

衛大臣との会談を行った。マティス長官の今回の歴訪の目的は、主に北朝鮮情勢についての意見調整だったが、その後の記者会見で、小野寺大臣は、2年前、うるま市で起きた元米軍属による女性暴行殺人死体遺棄事件について、被害者の遺族への賠償金を日米両政府が共同で支払うことで合意したことを明らかにした。刑事責任については、去年の12月に元米軍属の被告に対して無期懲役の判決が出ているが、民事責任についても今年1月、那覇地裁がこの元軍属に対して遺族への損害賠償を命じていた。ところが元軍属に「支払い能力がない」ことから、米側が賠償金を支払うかどうかが注目されていた。

これまで米側は元軍属の男性が米軍の直接雇用ではないことから支払いに応じてこなかった。日本側の説明では、今回の米側の支払い受諾は「日米地位協定に基づくものではなく、米政府の自発的、人道的な観点からの支払いだ」という。その上で、小野寺大臣は「米側の支払いで足りない部分は日本政府が見舞金として対応する」と述べたのだ。具体的な金額は明らかにしていない。ここが最もデリケートなところで、もし「米側25％、日本側75％」の分担となれば、それは米側が人道的な観点から支払いに応じたことになるのか。なぜ分担の割合を明らかにしないのか。歴史の審判がおそろしいのか。いずれは明らかになるというのに。

沖縄国際大学の前泊博盛教授にこの件で取材をしたが、１９９５年の米兵による暴行事件の際も同様のことが起きていたのだという。あれは米兵３人の蛮行だったが、同じく「支払い能力がない」

として米側が日米地位協定に基づき賠償を代行することになった。その際、何と米側が日本側に対して支払額を「値切ってきた」という。そして日本が補填《ほてん》した。この事実は米側公文書に記載されている（アメリカの立派なところは公文書を廃棄したり改ざんしたりせずに、きちんと保管していることだ）。日本政府は、うるま市の事件の賠償をなぜ米側に「全額」支払わせないのか。うるま市の殺された女性には何ひとつ非はないのに。それでも独立国か。

そんな怒りが沸いた日の6日前の6月23日。この日、沖縄は梅雨明けが宣言され、焼け付くような日差しだった。早朝から平和の礎には多くの遺族が花をたむけに訪れていた。沖縄戦没者追悼式の進行をリハーサルの段階から刻々と見ていた僕は、とても複雑な思いに苛《さいな》まれた。この式典の進行の先には、より大きな深刻な帰結が待ち構えているように思えてならなかったのだ。式典の主催者・沖縄県の翁長雄志知事はもちろん参列していたのだが、今年の場合、知事の参列には特別な意味があった。それは、翁長知事が公務に復帰したとはいえ、すい臓がんで治療中の身であり、この炎天下の過酷な環境に果たして耐えられるのか、という懸念が囁《ささや》かれていた。それはある意味でとても残酷なようだが、今年11月18日に投開票日が設定された沖縄県知事選挙への翁長氏の再出馬の可能性を県民が直接判断する場でもあったのかもしれない。

翁長知事は目深に帽子をかぶった姿で会場入りした。参列者から拍手が起きた。知事は、がん治療で頭髪がなくなった頭部をカバーするためこのところ県議会の中でも帽子を着用している。知事

平和宣言に向かう翁長雄志知事（手前右）に視線を向ける政府関係者ら。安倍晋三首相は目線を落としたままだった＝6月23日午後、糸満市摩文仁の平和祈念公園

がその帽子を公の席で脱いだのは、式典の最も大事な部分「平和宣言」を読み上げた時だった。その赤裸々な姿を公の場でさらしながら、知事は先のシンガポールでの歴史的な米朝首脳会談について触れ〈東アジアをめぐる安全保障環境は、大きく変化しており…民意を顧みず工事が進められている辺野古新基地建設については、沖縄の基地負担軽減に逆行しているばかりではなく、アジアの緊張緩和の流れにも逆行している〉と声を振り絞って訴えていた。参列者からは拍手が沸いた。

壮絶な命がけの宣言でもあった。この姿を県民たちはどう受け取っただろうか。知事の主張に対する共感と、知事の病状への同情の念と。人々は心の深いところで想像していたはずだ。今年11月の知事選挙に翁長氏は本当に出られるのだろうか。激しい選挙運動を戦うことができるのだろうか。「辺野古に新基地を造らせないという私の決意は…微塵《みじん》も揺らぐことはありません」という思いを翁長氏以外のいったい誰に託すことができるのだろうかと。安倍首相は知事と目を合わせようとはしなかった。

慰霊の日を伝える当日のテレビニュースは、翁長知事の「平和宣言」と、その直後の安倍首相の式辞を、ストップウオッチで計ったようにご丁寧に「等量に」短く編集して紹介していた。これでは翁長知事の宣言のあの壮絶さがちっとも伝わらない。その後の中学3年生の詩『生きる』の朗読は、その言葉の強度とともに、終始まっすぐに顔をあげて言葉を届けようとする姿が多くの人々の感動を呼んだ。その少女に対してネット上では匿名で「中三の女の子、どうみても活動家ですやん」

とか書き込む卑怯《ひきょう》な現実が僕らの回りにはある。

政権与党の自・公は、「翁長知事以外の候補者なら必ず勝てる」と踏んで、知事候補者の人選にあたっている。僕の取材では、宜野湾市の佐喜真淳市長を擁立する方針が急速に固まった（本紙3日付1面トップ記事も参照）。6月26日に開かれた「就任6周年激励パーティー」は、さながら知事選へのステップアップ激励の集いだった。仲井真弘多前知事は「宜野湾市で囲い込まないで、沖縄全体のために寛大な気持ちで佐喜真さんを応援していただきたい」と持ち上げた。これを受け佐喜真市長は「悩みながら政治家は決断する。そういうものだと思っている。これ以上は申し上げられません」と含みを持った発言をしていた。外務省の新旧沖縄大使交代のレセプション会場で僕は佐喜真氏本人に知事選出馬の感触を訊《き》いたが「（出馬へ意欲は）報道ですから。僕は宜野湾市長です」と逃げられた。佐喜真氏が、仮に立って知事選に勝利すれば、普天間基地移設元の市長が知事に選ばれたのだから、辺野古移設が県民の「民意」だとされ、その瞬間に辺野古新基地建設問題は「消滅した」と彼らは強弁するだろう。だから佐喜真市長擁立は根源的な転換点という意味をもつ。

以上のような日々を通じて、辺野古の新基地建設現場での工事は粛々と力づくで推し進められていた。慰霊の日に知事が何を訴えようが、14歳の少女がまっすぐに言葉を発しようが、そんなことには聞く耳を持たずに、工事を進める。反対行動は力で排除する。8月17日までには、埋め立て土砂が海中に投入される。より深刻な帰結はさらにその先にやって来ると僕は考えている。

●2018.8.28
翁長雄志さん　守った沖縄の誇りと矜持

翁長雄志知事が8日、急逝された。享年67歳。すい臓がんとの壮絶な闘病の末の死だった。がんが発見されたのは今年4月。いかにも早過ぎる。僕は翁長さんより3歳下の北海道生まれのヤマトゥンチューだ。報道の仕事ばかり41年も続けてきた。だが、これほどきちんと筋を通した政治家に出会えたことを本当に誇りに思う。今の国政レベルにはこんな政治家はいない。命を削るようにして翁長さんは沖縄の人々の誇りと矜持《きょうじ》を守り抜いた。時には本土政府の理不尽な「いじめ」「差別意識」に抗《あらが》いながら、安易に阿《おもね》る凡百の政治家とは明らかに異なる道を歩んで、誇り高い生き方とは何かを身をもって示された。

僕は前号の本欄でこう記した。〈沖縄戦没者追悼式の進行をリハーサルの段階から刻々と見ていた僕は、とても複雑な思いに苛《さいな》まれた。この式典の進行の先には、より大きな深刻な帰結が待ち構えているように思えてならなかったのだ〉。その「より大きな深刻な帰結」は突如やって来た。6

月23日のあの壮絶な訴え、そして公の前に姿を見せた最後の場となった7月27日の県庁記者会見（辺野古埋め立て承認撤回プロセスを開始するとの内容。死のわずか12日前だ！）を経て、翁長さんの死は、遠くではないいつか、残念ながらきっとやってくるのではないかとの思いを、多くの県民が心の底に抱いていたのではなかったか。

僕は翁長さん死去の知らせを那覇空港に着陸する直前の飛行機内で受け取った。信頼している友人がメールしてきてくれた。午後7時23分。体から力が抜けていくような感覚に襲われた。そのまま亡くなられた直後の浦添総合病院に直行した。正直かなり動揺していた。翁長さんをここまで追い込んだのは誰だったか。翁長さんがこうなることの心の準備はできていたのか。これから翁長さんの遺志を誰がどのように継いでいくのか。いくつもの問いが心の中を行き交っていた。翁長さんの亡きがらを乗せた乗用車が病院を出て行った。駆けつけた市民から「翁長さん、ありがとう！」という叫びが上がった。その女性にインタビューしていたら鈍い振動が体に伝わってきた。オスプレイだ。病院の上空をオスプレイが飛行していった。時計を見ると午後10時半を過ぎていた。これが翁長さんが亡くなった夜の現実だ。

お通夜、県民大会、告別式、その後の県知事選に向けた生臭い動きを取材して見えてきたものは、翁長さんのあまりにも大きかった存在感だった。だからこそ亡くなった後の喪失感も大きい。なぜ翁長さんは最後までぶれなかったのか。それを伝える報道が本当の所少ないのではないかと思う。

世の中には、死去の意味をきちんと報じないまま、早く忘れ去り、「次は選挙だ！」とばかり、状況の移行をセットしたがる輩《やから》がいるものだ。まるで沖縄戦の記憶を早く過去のものだとしたいかのように。

翁長さんは元々、保守政治家だった。それが政府に抗《あらが》うようになったきっかけは何だったのか。ここでは三つのことを記しておく。一つは２００７年の教科書検定の際に、沖縄戦のさなか日本軍から強制された住民の「集団自決（強制集団死）」の記述が削除されたことへの強い怒りがあった。これはご本人が語っていたことだ。「日本政府はこういうことまでやるのか」と。さらに、２０１３年４月28日、政府が鳴り物入りで開催した「主権回復の日」の祝賀式典。沖縄にとってはこの日はサンフランシスコ講和条約締結によって日本から切り離されアメリカ軍政下に入った「屈辱の日」である。それを単純にことほぐ本土政府の浅薄さと非情さ。そして同じ年にオスプレイ配備反対、普天間基地県内移設反対の「建白書」を携えて上京しデモ行進をした際に、銀座で遭遇したヘイトの言葉。「売国奴」「日本から出ていけ」「中国のスパイ」などという暴言を翁長さんは直接浴びせられた。そうした動きと並行して、辺野古新基地工事の強硬な進め方に、翁長さんは沖縄に対する本土政府およびそれを支持する本土国民の、沖縄に対する無関心、本能的な蔑《さげす》み、いじめのような差別意識を体感したのではないか。沖縄人としての健全な郷土愛＝沖縄ナショナリズムが強靱《きょうじん》なものとなったのだろう。それが「イデオロギーよりアイデンティティー」という言葉に結実した。

現在の政権は、翁長知事が就任早々上京した際も面会しようとしなかった。何と幼稚な振る舞いだ。国政選挙で辺野古反対の民意が示されるや、その投開票日の翌朝に工事を再開させるようなことを何度もやってきた。こうした彼らがやってきたことを考えると、よくも葬儀に顔を出せたものだと僕は思う。

7月27日の最後の記者会見に臨む前、翁長さんは妻の樹子さんに珍しく弱音を吐いたという。一つは体力の極端な落ち込みがあった。3メートル歩いては休み、また3メートル歩いては休むという限界に近い状態だった。「記者たちの質問にちゃんと答えられるかどうか心配だな」。これまで翁長さんはそんなことを一度も言ったことはなかった。樹子さんは「これは大事なことだからあなたにはできるよ」と励まして送り出した。会見では30分以上、翁長さんが喋《しゃべ》っていた。質疑応答もこなした。会見後の映像を見ると足元がふらついていた。この頃は口内炎が多発していて水を飲むことさえしんどかったという。入棺の際、身に着けていたかりゆしの襟元が輸血管等でできた傷口からの血でみるみる染まっていった。父親の翁長助静さんは元真和志市長。沖縄戦を生き延びた政治家、歌人で、沖縄で最初の慰霊塔「魂魄の塔」を建立した住民の一人でもあった。翁長雄志さんは、娘さんにはこう語っていたそうだ。「僕はおじいちゃん（父親の助静氏）の役職は越えたけれど、人間的には越えられなかったなあ」。いや、沖縄戦の歴史とアイデンティティーの伝承は、翁長雄

記者会見で身ぶりを交えながら、埋め立て承認の撤回の理由を
説明する翁長雄志知事＝7月27日、県庁

志という郷土をこよなく愛した政治家によって、確実に成し遂げられた。合掌。

●2018.10.16 県知事選 沖縄の肝心に火をつけた

まさに歴史的瞬間だった。9月30日の夜9時半すぎ。那覇市古島の教育福祉会館の2階ホールは、NHKが玉城デニー氏の当選確実を報じるや、歓喜の拍手とカチャーシーと「デニー・コール」で沸き立った。一方の候補の選対開票会場、ハーバービュー・ホテルの大宴会場に陣取った佐喜真淳陣営は敗北に沈んだ。何から何までが対照的だった。調べてみると、玉城陣営の会場レンタル費用は実質8時間で6万円、佐喜真陣営の会場費はそれとは一桁違う金額だった。選挙中、県民所得が全国最低だの、最低賃金がどうのと訴えていたのは佐喜真陣営だったのだが…。会場に詰め掛けていた人々も両陣営では大きな違いがあった。佐喜真陣営は与党幹部や地方議員、その関係者らがほとんど。一方の玉城陣営には多種多様な人々が集っていた。組織・団体VS草の根。

実は、あの夜、朝日新聞、QAB（琉球朝日放送）が、午後8時の投票締め切りとほぼ同時に「玉城デニー氏当選確実」と速報した。これには僕も驚いた。僕らが身内で「ゼロ打ち」「冒頭（当確）」と呼んでいるこの速報は、よほどの確度のある裏付けがなければ打てない。それが今回はあった。

だがその後90分にわたって沈黙が続いた。東京の政治部報道では政権べったりの色彩が強いNHKが、午後9時33分に玉城氏当確を打った。その瞬間、最前列の玉城氏めがけて後方からお揃《そろ》いのデニT（玉城デニー氏の顔をあしらったTシャツ）を着た若者たちが駆け寄ってきてカチャーシーの乱舞が始まった。デニー氏も体全体で喜びを表現するように踊っていた。ああ、ここには音楽もダンスもあるなあ。長い間、硬直した「反対運動」に欠けていた文化のチカラがあった。運動は楽しくかつ魅力がなければ人々は集わない。そう言えば、佐喜真陣営が流していた選挙応援ソングは候補者と何だかマッチしていないなあ、と僕は思った。音楽は玉城氏自身が若い頃から虜《とりこ》になっていた得意分野だ。何しろコザのロック少年だったのだから。

大昔に大ヒットしたロックの名曲にドアーズの「Light My Fire」というのがある。邦題がなかなかよくて「ハートに火をつけて」だ。デニー氏に「この歌好きでしょ?」と聞いたら「大好きです」との答えが返ってきた。僕は、この「ハート」という語を玉城デニー氏がよく口にする「ちむぐくる（肝心）」（本当に心に大切に思っていること）という語に置き換えて、玉城氏に謹呈したい。今回の玉城氏の勝利は、沖縄の人々のちむぐくるに火をつけたことが勝因だと僕は思っているのだ。

当選確実となり支援者と共に歓喜に舞う玉城デニー氏（手前）
＝9月30日、那覇市・教育福祉会館（森住卓さん撮影）

識者たちが訳知りに勝因敗因分析を開陳するだろう。故・翁長雄志前知事が辺野古新基地建設阻止の公約を命を削って守り抜いた、政治家としての究極的な清廉さを、沖縄の人々が忘れなかったこと。公明党の支持母体、創価学会・沖縄の人々が、辺野古新基地建設反対を明言しない佐喜真氏に強い不信感を抱き、3割以上の学会員がデニー候補に票を投じたとみられること。投票日間近に台風24号が沖縄を直撃し、期日前投票を促し、結果的に浮動票の掘り起こしに大いに作用したこと。小泉進次郎衆院議員や菅官房長官、小池百合子東京都知事、片山さつき参院議員といった中央の著名政治家らが相次いで佐喜真氏応援に駆けつけて、応援すればするほど、かえって反発を招いたこと。とりわけ、沖縄だけ携帯電話料金4割引きなどという県民を愚弄《ぐろう》するような言辞をもてあそんだこと…。

だが、もう少し広い視野から今回の選挙結果の意味をとらえ返してみようではないか。決定的に重要なのは、候補者の人品骨柄だった。中央政界とのパイプを誇示する「へつらい型」の生き方と、沖縄のことは沖縄で決めるという「あらがい型」の生き方。後者は、いばらの道を歩むことになるかもしれないが、フェアな、誠実な生き方ではないのか。沖縄の有権者の多数派はそのような生き方を選んだのだ。

玉城デニー氏は父親が米軍基地の兵士だった。その父親はデニー氏が母親のおなかの中にいる時に単身帰国した。だからデニー氏は父親の顔をみたことがない。母子家庭で育ち、地域住民の愛情の中で育てられた。冷徹な事実がある。玉城デニー氏は米軍基地が沖縄になかったならば、この世に生を受けていなかった。その彼が、沖縄の地にこれ以上の新たな米軍基地はいらないと主張することの「重み」を、本土に蝟集《いしゅう》する、歴史を知らぬ政治家たちはよくよく考えた方がよい。「ボーっと生きてんじゃねえよ！」とチコちゃんに喝をいれてもらいたいくらいだ。多人種、多文化、チャンプルー性、政治手法の多様性と柔軟性を、身をもって生きてきた玉城デニー氏を、沖縄県民は知事に選んだ。有権者の判断力と勇気に敬意を表する。なぜならば、僕らはその沖縄をいたぶり、いじめ、脅し続ける政権を、知らんぷりをする国民とともに、選挙を通じて勝たせ続けている本土の人間だからだ。

さて、ご報告。２００８年8月以来、東京から、そしてアメリカから本紙に原稿を送り、掲載されてきた「ワジワジー通信」の連載（「ニューヨーク徒然草」「ワジワジ通信」「新・ワジワジー通信」）は、今回をもって終了することになりました。長年の皆さまのご愛読とご支援に心から感謝いたします。沖縄の取材現場で「ワジワジー、読んでますよ」と声をかけられた経験が幾度となくあり、随分と僕自身励まされました。それが取材を続ける糧となりました。本当にありがとうございました。

半世紀近く前に加藤周一という希代の知識人が書いていた言葉が今は心に染みます。「私の民主主義の定義は、実践的な目的のためには…甚だ簡単である。強きを挫き、弱きを援く」（朝日新聞１９７２年1月21日夕刊）。「ワジワジー通信」は、考えてみれば、そのような思いと共感するところから書き継いできたように思います。ですから、今回の玉城デニー氏の知事選勝利は、「ワジワジー精神」の勝利だと、僕はひそかに思っているのです。「ワジワジー通信」をお読みいただいた読者の皆さんとは、また別のところでお目にかかるかもしれません。なぜならば、僕はジャーナリストなので、口をつぐんでいる気はさらさらありませんので。皆さん、新時代の沖縄を力強く作っていってください。またお目にかかりましょう。さようなら。

対論三題

「辺野古」阻止を掲げて1年　沖縄が訴えるもの

2015年12月10日、沖縄県庁での対論

沖縄県知事　**翁長　雄志**

金平　茂紀

▼代執行訴訟から見えるもの

金平——知事、今日はどうもありがとうございます。くしくも今日、知事就任1周年の日にお話を聞けるというのは大変光栄に思っております。この1年を振り返えられていかがですか?

翁長——そうですね。私も65(歳)になりますが、その中では一番の激動の1年でしたね。節目節目もいろんなことがありましたし、何よりも政治を志して30年、沖縄県を背負ったことは初めてでしたので、沖縄の重みというものを背負って1年間やってきたなという感じです。

金平——たくさんの公約を掲げられて知事選に圧勝されたわけですけども、ご自分の掲げた公約はこの1年間でどのぐらい達成の道筋を付けられたとお考えですか?

翁長——私の公約は全部で200くらいあるんですけども、前県政からの継続と新しく着手したもの含めて95%はやっております。

新聞、テレビに現れるのは基地問題だけですが、沖縄県は4年前に「沖縄21世紀ビジョン」というものを作りまして、そこには、全ての政策が網羅され、20年後の沖縄が目指すものを沖縄県民全員で作ってきたんですね。経済面でもアジアのダイナミズムを取り入れて、情報通信産業とか、観光でも国際リゾート観光ですとか、それから物流拠点、日本とアジアの架け橋になるような。そういったものが、アジアのダイナミズムの中で大変いい

形で動き出してきましたので、経済面もまずまずという風には思っております。
あとは、しまくとぅば。沖縄の言葉の普及ですね。貧困の対策とか医療・福祉・教育もありますから、このあたりも県庁の職員が基地問題で翻弄されながらも、皆がしっかりと一つ一つやっていただいたので、バランスは取れたのではないかと思っております。
金平――大事な記者会見であいさつされる時には必ず沖縄のしまくとぅばでお話されていましたよね？
翁長――そうですね。これは沖縄のアイデンティティーとも関わってきますのでね。
金平――基地問題に絡めてなんですが、国が代執行を求めて訴訟を起こしました（11月17日）。代執行とは、分かりやすく言うと知事に代わって国が決めると。つまり本来は県知事に属していた権限を取り上げるという意味合いを持っていますね。こういう訴訟を起こされたことを今の時点でどのようにお考えになっていますか？

おなが・たけし　1950年生まれ。那覇市出身。75年法政大学法学部卒。85年の那覇市議選で初当選（2期）。92年に県議選で初当選（2期）。2000年の那覇市長選で初当選し、4期14年務めた。13年1月、建白書提出の東京要請行動の共同代表を務めた。14年に県知事初当選。任期途中の18年8月8日に死去。

翁長――約3年前の「東京要請行動」、ある意味沖縄の政治家全部が東京に行って普天間基地の県外移設、あるいはオスプレイ配備反対と建白書を持って行ったんですが、けんもほろろに無視されて。それから以降いろんなことがありまして、昨年11月に10万票の差で現職を破って知事になったわけですけども、その後4カ月くらいは閣僚にも会ってもらえなくて（菅義偉官房長官との初会談は4月5日）。そういった流れからしますと、辺野古は唯一、辺野古にしか新基地は作らないという政権の強い意志がありまして、その流れからの法律的な意味合いで、代執行と。

これはまさしく知事の権限を取り上げて国が代わりにやるぞというやつですから、地方自治というところにも高飛車な立場から物事を見ているということもあります。沖縄の歴史の流れから見ますと、どうやら沖縄にだけ厳しく当たっているな、というものを、代執行には感じられました。

私たちも沖縄を背負うといいますか、沖縄の子や孫のために政治をしておりますので、そういった見地から、これは負けられないな、と。私も一生懸命に奮闘しているところです。

金平――1年間振り返る中で一番辛かった時期はいつですか？

翁長――一番辛かったのは知事になってからではなくて、知事選に出るという決意を固める時が心の中での葛藤はありましたね。決意してからは、数カ月間の選挙期間と、そして当選してからは悩む暇もないくらい大変な1年間が今日まで続いていますので。菅官房長官と1対1でお会いしたり、総理とお会いしたりとか、ワシントンDCに行ったりとか、普通であれば大変な出来事なんですが、あまりの数の多さにそれが日常になってしまったという、大変戸惑うというか、この1年、どのように総括していいか分からないような1年になりますね。

金平――逆に一番嬉しかった時はいつですか？

翁長――嬉しいというようなものは（笑）。最初に菅官房長官とサシで十数分ずつやりあって、それがテレビなどで放映され、翌日の新聞でも報じられました。それに対して県民から「スカッとした」「よくぞ、今まで言えなかったことを言ってくれた」「本当に嬉しい」という声がありまして、そこまでだったかと、私なりに県民の気持ちに応えられたという嬉しさがあり、それが一番かもしれませんね。

▼「話クワッチー」

金平——基地問題で、ここまで対峙することになった今の政権に対する評価というのは、この1年ご覧になっていかがですか?

翁長——特に沖縄との関わりで言いますと、日米安保ありき。沖縄に関しては、沖縄の県民というよりは、領土として捉えていると。

お隣の中国を意識しすぎて、私から見ると大変危ういですね。とても強い政権のように見えますけど、余裕がなくて、それでそのまま強く進んでいきますので、これが危ういなという感情をすごく持ちました。アジアや世界のリーダーを目指しているにも関わらず、視野が狭く、懐が深くないということで、リーダーとは程遠いところに位置していないか心配ではあります。

金平——代執行を求める第1回の口頭弁論の国側の主張を聞いていますと、移設が実現しないと日米関係が崩壊しかねないとか、日本は法治国家なので移設工事を進めるしかないとか、県との接点を見いだすのが困難なように聞こえました。

翁長——ある意味、日米安保が全てですから。辺野古にもさまざまな経緯があるのですが、政権はそういうことを一切無視して、国民にアピールをしたり、些細な土地の返還をして県民の歓心を得ようとしたり、テクニック的な政治をずっとしてきました。一方で、法廷闘争もそうですが、普通に私たちと話をする場合でもですね、これまでの日本の政治にない強権的なものをすごく感じさせられましたね。

金平——俗に言う「アメとムチ」。言うこと聞く分にはニンジンをぶら下げるみたいな。それで、言うこと聞かない分には強い力で聞く耳を持たない。そうすると地域の中に分断や分裂、ぎくしゃくした空気が流れてきますよね？　それを肌身を持って感じることはありますか。

翁長――復帰後一貫してそういうものはあったわけで。基地問題はいつも大変ですから、大きな壁にぶつかった時には、経済振興や基地の返還で話を持ち上げるんですね。私は、それを標準語では「話のごちそう」、沖縄の言葉でいうと「話クワッチー」だと。２年前の名護市長選挙（２０１４年１月）でも、投票日の４、５日前という時に５００億円の「辺野古振興基金」をぶち上げたりするんですね。来月は宜野湾市長選挙も行われるんですが、20、30年前から要求をし、返還を約束をしてもらった４ヘクタールと３ヘクタールの土地を、数日前（選挙前）に返したり。名護の３区に対して毎年１３００万円ずつ、名護市を通さないで直接補助金を出すようなことを堂々とやる。

しかし沖縄県民は、今日まで何十年間も見てきていますので、ほとんどそれが無意味だということが分かっているんです。ですが、その辺のところをこれから年月によって県民の思いというのが分かってくる部分があるのではないでしょうか。

金平――宜野湾にディズニーランドを誘致する話もあって、現職の佐喜眞淳市長と官房長官が並んでテレビカメラの前で写っていたりしていましたけども、そういったものも、もしかしたらその一環かもしれないですね。

翁長――まさしくそうではないでしょうか。米軍のトップを入れて３名で握手をするところはまさにテクニック政治。あそこの跡地利用というのは軍用地主の皆さんや関係者の方が皆が数年間かけて築いていたところに、突然、ディズニーランドの話が出てきて、返還されても10年20年後にその場所が使えるか分からないような場所で、そういうものをぶち上げるのは選挙対策だと思います。

金平――ただそれを報じると、「え？　沖縄にディズニーランド来るの？　凄いじゃん」みたいになるわけですよ。基地は基地、ディズニーランドはディズニーランド、それでいいじゃん、みたいになっちゃうんですよ。そういったもので、世の中の空気って作られていくんですよ。ましてや沖縄戦のことなんて分からない世代が。

ただ僕は、沖縄で観光に来る人たちはディズニーランドとかＵＳＪ（ユニバーサル・スタジオ・ジャパン）とかを見にくる人とは違うと思いますよ。沖縄の魅力はそれとは違うと思います。

▼ストレス解消法

金平――当事者として県民の民意を背負っているという、ストレスの多い日々が続いていると思います。お酒や音楽という伝統文化、家族の方の支えとか、いろんなものが沖縄にはあると思うのですが、どうやってストレスを解消しているのですか？

翁長――僕は、幸か不幸か政治に全てを捧げてきたような人生なので、何か楽しいものというのも特にはないんです。ただ一つだけ、これも仕事と少し関係するんですが、那覇市長時代に屋上緑化運動をしたんですね。自分で率先してやらないと市民にも勧められないからということで、自宅の屋上30坪くらいのところに屋上緑化を14年間ずっとやってきているんですが、芝生の草が芝刈り機ではきれいに刈れないのでハサミで一つ一つ取るんですよ。私は禅というものをやったことがないんですが、もしかしたら禅の境地というのはこういうものなのかなと思うくらい2時間くらいかけて草刈りをしてきれいな芝生にするということを2週間に1回くらいやるんです。これが、私の心の安らぎになっていますね。

金平――ご家族の方に愚痴をこぼしたり、相談に乗ってくれよ、みたいなものもありますか？

翁長――女房に聞いたら分かると思いますが、全くないと思います。10数年前に胃を切ってしまったので、今は酒は飲みませんが、前はたくさん飲んでいました。飲んでいて実際は酔っているんでしょうけど、見た目では酔っぱらうことがないんですよ。そういったことからも、家庭の中でも、穏やかに生きているオヤジではないかなと私は思っています。

金平――奥様が一度、名護のキャンプ・シュワブのところで、反対運動やっている方のところを訪れ激励されたりしていましたが、あれも奥様の自主的な行動ということですか？

翁長――彼女には手紙で、「俺は将来政治家になるから苦労するぞ、それでもよければ、一緒になろうか」とプロポーズした女房ですので。何も言わなくても一緒におりましたから。ただ辺野古に行くか行かないかというのは、私と相談して行くというものではありません。女性のグループの仲間で、皆で行こうよという感じで行ったみたいなんですね。知事夫人だからということであいさつはさせられたとのことなんですが。いずれにせよ、家族もそういう枠の中で頑張っているような感じがしますね。

▼辺野古の現状

金平――私もキャンプ・シュワブとかゲート前など辺野古には何度も取材に行っているんですが、最近、様子が変わったんですよ。特に代執行の提訴がはっきりしてきたことと、知事が埋め立て承認の取り消しを発表（10月13日）されてから現場の空気がちょっと強張ってきたというか。

特に警備のことをお聞きしたいのですが、キャンプ・シュワブの前での警察による警備が時に過剰ではないか、あるいは、必要最小限のルールを踏み越える時があるのではないかと。特に反対運動をやっている方から負傷者も出たり出ています。

沖縄県警が要請した形になっているそうですが、東京の警視庁の機動隊が沖縄まで来て警備にあたっているという、これ自体が異例なことですよね？　これは、知事の方に沖縄県警の方から相談とかはあったんですか？

翁長――いや。そういうのは全くなくて。辺野古の運動は５００日くらいになっていて、沖縄県警でこれまで対処していたんですが、同じ県民同士ですので温情も出てきます。おそらく私が埋め立て承認を取り消しをした、今年の10月ぐらいから公安委員会が要請をしてとのことなんです。

警視庁というのは東京都民のための警察ですから、それが1カ月交代で、その都度百数十名で沖縄に来るわけですから、東京都との関係はどうなっているのかなとか、そういったいろいろな思いはありますが、いずれにせよ、今の状況は沖縄県警中心だったものが、警視庁の機動隊中心に変わった。ある意味で心の触れ合いみたいなものはきれいさっぱり持てないような、新しい段階が来たかなと言う感じがしますね。

▼辺野古強行で危機が顕在化

金平――今後についてお聞きしたいのですが、今、国が代執行を求める訴訟を起こしています。これに対抗する抗告訴訟についての見通しはいつごろどういう形で行いますか。

翁長――テレビをご覧になっている方も訴訟の仕組みが分からないと理解が難しいと思うんですね。前知事の埋め立て承認には瑕疵があったということで、客観的に審査をして、私が承認を取り消したんですね。

それに対して沖縄防衛局は、行政不服審査法に基づいて取り消しの無効を国交相に訴えた。国の機関は訴えられないのに、私人として防衛大臣が訴えて、国交大臣は取り消しの停止をやってしまった（10月27日）。それによって工事が再開されましたが、同時に代執行の手続きをした。本来代執行の判決が出るまで工事は出来ないんですが粛々とやるようになっているわけです。

代執行手続きは国交大臣が行っているわけですから、審判もプレーヤーの両方を使い分けている。防衛大臣が訴えたのも、法律を捻じ曲げていると学者96人が抗議をしている。菅官房長官は、「日本は法治国家です」と言うんですが、私から言うとスレスレ法治国家ではないかなと。そう言いたくなるくらい、ここまでやるかというものはあります。ただ、国地方係争処理委員会というのがあるんですが、それがわりあい公平にやっていただけるのではないかと。そういうことがあって今、訴訟が2つも3つも出てくるということになってきています。

金平――抗告訴訟を行うとしたらいつくらいになりますか？

翁長——速やかにと言うしかありません。

金平——工事は進捗しているわけですよね。護岸工事に年内に着手するのではないかという話も出ています。法廷闘争って時間がかかるじゃないですか。その間に工事が進むと既成事実化が進む。そういうことを考えれば抗告訴訟（逆提訴）はいろんな意味で関心になっています。

翁長——新基地を作らせないために、現在の法廷闘争のほかにもいくつかあるんです。例えば、沖縄県知事と名護市長には設計変更とか事前協議とかいろいろ権限があります。強権でやっていく今の国（政府）ですから、どういうやり方をするか分かりませんが、いずれにせよ、差し止めができるものは、これからもあるんですね。今、現場では、おじいちゃん、おばぁちゃん、それから最近では若い人たちも来て阻止行動もしておりますので、そういったこととの兼ね合いですね。

来年の1月24日には宜野湾市長選挙がありますよね。新基地を受け入れろと言われた側の名護は2014年の市長選で4000票差の大差でダメだということになりました。そうすると普天間の危険性の除去ということで宜野湾市民に問う市長選挙がありますから、そこで政治的な意味での民意が出てくると思います。また来年、県議会議員の選挙、全国では参議院選挙があるんですね。そういった一つ一つで民意のチェックができるということです。

沖縄は、サンフランシスコ講和条約から20数年間米軍の施政権下にあって、日本人でもアメリカ人でもない無国籍人でした。ですからこの間国会議員を一人も送っていない。そういった中で、高等弁務官相手に人権獲得闘争をやってきた。非暴力の合法的なやり方でしっかり県民一人ひとりの気持ちを表すようなことを今日まで長くやってきました。そういう沖縄の民主主義というものは、本土の方にはご理解いただけないかもしれない。

国連の人権理事会（9月21日）でも話をしてきましたし、ワシントンDCにも行っていろいろやってきた中で、「ニューヨーク・タイムス」「ワシントン・ポスト」などに沖縄の報道が出てきているんですね。今の状態では、日米安保体制は品格あるものになってはいないと私は思っています。ですから今後、日本の民主主義もアメリカの民主主義も問われるような状況がこれから現れてくるんですね。環境問題もそうです。

そういった問題を考えれば、絶対にあそこ（辺野古）に作ることは難しい。順調にいって10年、延びた場合は15年20年なんです。10年20年後も今の普天間をそのままにしておいて固定化と言わないのかどうか。そう質問しましたら、返事がありませんでした。こういったもろもろの綻びは、これからどんなに強権的にやろうとしてもなかなか難しいと思います。

ですから新基地建設は日米安保体制の危機です、日本はアジアのリーダーとしての品格が問われます、民主主義が問われますよ、という話を今しているわけですが。いずれにせよ、自国民、沖縄県民に人権と平等と自由と自己決定権を保障できない国が、どうやってそれと共通の価値観を持つ国と連帯感を持ってやれるかということになると、大変厳しい。そういうことが沖縄の辺野古に私はどんどん形として現れてくると思います。

▼イデオロギーよりアイデンティティー

金平――知事就任後一番辛かったことをお聞きしたら、県知事選に出る前の方が辛かったとおっしゃいました。知事選に出ようかと思うきっかけになったことがいくつかあったとお聞きしたことがあります。一つは沖縄が日本から切り離されたサンフランシスコ講和条約の発効を、「主権回復の日」として今の政権がお祝いしましたね。もう一つは教科書の記述から、沖縄の住民が日本の軍によってひどい仕打ちをされた（「集団自決」）という記述が一切消えましたね。その二つのことが耐えられなかったと。

翁長――今回の代執行（訴訟）の口頭弁論の冒頭の陳述（12月2日）でも、沖縄の歴史に触れた上で、他の都道府県で国に甘えているとか甘えていないとか、そんなことを言われるところがあるかと意見陳述しました。

私たちの「魂の飢餓感」というのは、歴史を紐解くといろんなことがあります。サンフランシスコ講和条約で私達は日本から切り離されて、日本の高度経済成長と平和を支えてきた沖縄は、その間、治外法権みたいなところで、いろんな犯罪にも巻き込まれ、罪を犯した米兵が無実で本国へ帰ったりすることも多かった。そういうことを何も省みることなく、日本も苦労したんだよ、沖縄と一緒だろうというような話をされると、僕らの27年間は何だったんだろうか、と。

しかしそんな時でも僕は保守ですから、自由主義を守るんだと、ソ連と中国に負けるものか、と思いながらやっていたんです。が、ソ連がロシアに変わって、中国もともに経済大国になっている今では、そういうイデオロギーで沖縄の歩み方を説いていくというのは、時代遅れ。冷戦構造も崩れ、日本も55年体制が崩れたわけで、その中でイデオロギーで、保守か革新か、経済か平和かと、罵り合って喧嘩をしているのを見て、笑っている人がいるのではないか。それならば、これからの沖縄の政治はイデオロギーよりアイデンティティーだと。

もう一回、子や孫のことを考えて、世界情勢やアジアのダイナミズムもひっくるめて沖縄のありかというのを考える。まずは日米安保体制が大切であっても、沖縄の子や孫が平穏に暮らしていくのが、少なくとも沖縄の保守の私の役割であるし、革新の皆様方も（これまでは）イデオロギーできましたけども、一緒に一つのテーマの中で、頑張っていこうよとなったのが、今のオール沖縄。イデオロギーよりアイデンティティーで、沖縄では自由民主党から共産党まで一緒になった。背景は今言った歴史だと思います。そういう沖縄の歴史を消していくというような、そういったものは、私からすると耐えられない。

金平――政治家ではなくて、本土に暮らしている日本人に今、おっしゃりたいことは何ですか？

翁長――日本の安全保障は、日本国民全体で考えてもらいたいというのが沖縄側の主張ですね。沖縄が、福島もそうなんですが、差別されてもそれを気づかないのは地方自治の危機であると思うんですね。今のような形で、中央に対して何ものを申し上げられないような、そういう時代になってきたような気がするんです。地方自治という多様性の中で得れるようなものがないと、今後の国の流れはなかなか難しいのではないかなと。

日常から非日常に変わるのは紙一重で一瞬なんです。沖縄戦でもそうなんです。

金平——本土の人から沖縄は見えていると思いますか?

翁長——僕はずっと見えていないと思っていたんですが、今回、民間が立ち上げた辺野古基金には頑張れ、新基地を絶対造らせない、と約5億円が集まり、そのうちの7割くらいは本土から来ているんですね。新聞の世論調査でも、前は6対3くらいで基地は沖縄でいいんじゃないのみたいだったのが、今は逆転をしています。その意味からいうと希望が湧いてきたような気もします。私は仕事上、各都道府県に行くのですが、皆近寄ってきて頑張って下さいという声がすごいんです。ですから、そこに希望と、連帯感を見いだしていきたいと思っていますが、世の中のそういうものは移ろいやすいですから、どうなるかは言えませんけどね。今はここまで来たというのには大変感謝をして、そういった方々とスクラムを組んで、いい形で一人ひとりが日本国民で良かったと思えるような世間を作る努力をしたいです。厳しい中にも希望があると。

歌で沖縄の真実　伝えたい

2017年2月9日、中城村での対論

民謡歌手　古謝　美佐子
金平　茂紀

▼沖縄サミットのきっかけ？

金平――古謝さんはネーネーズのメンバーとして、「筑紫哲也ニュース23」という番組で「黄金の花」をテーマ曲として3カ月くらいやりましたよね（1994年）。私はあれで古謝さんを知りました。たしか、その年の忘年会にもゲストとして参加していただいたんですよね。だから最初は放送局でお会いしたんですよね。今でもサインを持っていますよ。

古謝――そうです。懐かしいですね。筑紫哲也さんとの最初の出会いは、沖縄で行われた大田（昌秀）知事と対談時だったんですよ。

金平――それはテレビで収録したんですか。

古謝――テレビではなく、コンベンション・センターでそれ（筑紫・大田対談）をやりました。対談後のパーティー中、録音を終えたばかりの「黄金の歌」を歌ったのがきっかけです。

金平――そうなんですか。

古謝――それで筑紫哲也さんが「ニュース23」のエンディングにぴったりだな、ということになった。エンディング曲は複数の候補から選ばれるそうですね。その時はスタッフからもこれが良いという声があがったそうですね。

金平――その時は筑紫さんの奥さんもいたのでしょうか？　僕はその時の話をどこかで耳にしました。筑紫さんが、奥さんとその曲を聞いたら、涙が出てくるほどよい曲だったと大昔に聞いたことがあります。たしかネーネーズを結成したのが１９９０年ですよね。

古謝——１９９０年結成です。91年にファーストアルバムを出しました。92年にはソニーからアルバムを出してメジャーデビューした。

金平——あれは今聞いても良いアルバムですね。「あめりか通り」とか、「真夜中のタクシードライバー」とか。もちろん「黄金の花」も入っていた。あれ（アルバム「コザ　ｄａｂａｓａ」、１９９４年）は本当に名作ですよね。こないだは、何代目かのネーネーズがカバーしていましたよね。やっぱり初代には全然敵わないな、すごいなと思ったのですけれど。

「黄金の花」ですが、あの当時（１９９４年）の小渕（恵三）首相、あの人がニュース23の職場にて電話かけてきたんですよ。僕が受けたから覚えているんですけど、「小渕ですけど」って電話かかってきて、「あのー、あなたのところでやっていた沖縄の歌で、ずっとかけていたやつ。あれ何て歌ですか？」って聞いてきたんですよ。多分好きだっ

こじゃ・みさこ　１９５４年、嘉手納町（旧嘉手納村）生まれ。幼少時から沖縄民謡に親しみ、小学生のころから舞台に立つ。90年に初代ネーネーズのリーダーとなり、「黄金の花」などのヒットで沖縄ポップブームをけん引する。95年に脱退後、ソロ活動を再開。代表曲に多くの歌手にカバーされた「童神」をはじめ、「黄金ん子」「黒い雨」など。

たんですよ。それからしばらくして沖縄サミットが決まったんですよ。

サミットの開催地については、一応、(沖縄は)候補にはなってたけど、沖縄ではやらないだろうというのが政府内での多数意見だったんですよ。だけど小渕さんと野中広務官房長官の2人で沖縄でやるって決めたんですよ。だからあの歌が流れていなかったら沖縄でサミットは無かった。たぶん。

▼県民大会で「童神」を歌う

金平――実は古謝さんにお話をお聞きしたいなと思っていたのは、このあいだ女性が元アメリカ海兵隊員に殺された後に行われた県民大会(2016年6月20日)のオープニングに(「童神」を)歌われたでしょ。あれを聞いて、これはすごいことだと。県民大会ではみんな心が打ちのめされて怒っていた。それが古謝さんのあの歌を聞いて、鎮魂というか、亡くなった女性に対しての思いみたいのが一つにつながる瞬間だったと思ったんです。

古謝――あの日は、読谷村の公民館で地元の若いお母さんたちに対して、歌を聞かせるという内容の予定がありました。沖縄の戦前・戦中・戦後を通してできた歌を沖縄の方言だけでは伝わりにくいから、意味を解説しながら伝えていくという予定でした。しかし、主催者側の女性から電話がかかってきて「県民大会が19日に決まったので、私たちも急遽そちらに参加することになりました。古謝さんにも参加してほしいのですが」という要望がありました。それを受けて、私もそちらに参加することを伝えました。「当初の予定は、日にちを改めて歌うこともできるから、私も行きます」ということになりました。

金平――そうだったんですか。

古謝――読谷村議をしている知り合いがいるので、「読谷村は県民大会に向けてバスを出すのか」を確認しました。「まだ決定ではないが、議会でも話し合いを持ち何台かバスを出す予定だ。決まったら連絡します」ということになりました。

しばらくして、10台バスが出ることを新聞報道で知ったので、バスで行こうと考えていたら、読谷村出身の県議の方にその話が伝わっており、そこで歌ってくれないかという話になった。駐車場を確保しますので車で来場されてください、打ち合わせがあるので、2時間前に来てくださいとお願いされました。

金平——そういうきっかけだったのですね。私は主催者側が思案して随分前から決まっているものだと思っていました。

古謝——違います。私、糸数慶子さん（参議院議員）とすごく仲良くさせてもらっていますが、彼女たちの活動に私を参加させるようなことはありません。なので、大多数の人々は、金平さんがおっしゃるように主催者側が呼んでいるように思われるかもしれないけれども、そうではありません。「童神」の3番の歌詞にある、子どもを守りたかったけれども守れなかったという、意味を伝えてほしいという依頼だった。オープニングで歌うことを知ったのは当日だったんです。

金平——それではびっくりなされたでしょう。

古謝——そうです。カラオケでやるのか、生でやるのかだけを確認したいというので、「どちらでも対応できるようにします」と答えました。QAB（琉球朝日放送）のディレクターからも事前確認の連絡が入りました。それで、三線もカラオケも持っていきますが、どちらかというと生でやろうと考えていると伝えました。ディレクターからも「その方が良い」と言われました。

金平——それで三線だけ持っていかれたと。

古謝——そうです。

金平——それがまた良かったのですね。カラオケではないですものね。

古謝——しかも、後ろにはすごい方々がいらしたのでびっくりしました。泣きそうになったのを我慢して歌いました。すごくインパクトが強かったみたいですが。

▼「後ろ姿」を見せる

金平——インパクト強かったですよ。ところで、一般的に歌手の方々はあのような県民大会になかなか参加していただけないと思います。古謝さんの中では、「待っていられない」だとか、「吹っ切れた思い」などのようなものがあったのですか。

古謝――ありました。吹っ切れたのは、孫ができてからですね。長女の子どもができたときは、ただ嬉しいという気持ちだったのですが、次女が子どもを産んだ頃から「これではいけない」と思い始めました。高校時代を過ごし、友人も多い読谷村に戻ってまるまる6年になろうとしていますが、生まれ育ちは嘉手納町です。そこでは生水を絶対に飲んじゃいけないという親の躾がありました。井戸にオイルが流れ込んで、太陽光がすごいから発火するとか、それらがあったから。今までは基地のおかげで生きられたと思っていました。しかし父親が基地内への通勤途中で車に轢かれて即死状態のような形というようなこともありました。

金平――古謝さんがいくつのときに亡くなられたのですか。

古謝――満3歳です。親父の面影はまったくありません。

金平――それからお母さんが女手ひとつで育てられたと。

古謝――そうです。再婚もしないで。私は母の背中を見て育ちました。

金平――母親の仕事は基地関係ですか。

古謝――米軍のハウスに行って洋裁をやっていました。

金平――そういう姿を見られてきたんですね。

古謝――基地のおかげで生きられたということがあったので、基地反対を口に出すことを抑えている部分はありました。ただやっぱり、歳を重ねていくと、病気や事故以外だと誰しも死んでいく順番があるじゃないですか。何事もなければ娘や孫よりも私の順番が早いわけです。それを思うと、娘や孫にどういう後ろ姿を見せられるかという。私が頑張っている母親の後ろ姿を見て育ってきたように。父親は30歳で亡くなりました。愛する人を28歳で亡くし、未亡人になった母親の姿を見ているから。

　ただ歌うだけでなく、歌を通してたくさんの人に沖縄の歴史の事実を伝えていきたい。子どもの頃にＢ52やフェンスを見ながら育ってきましたが、孫たちにとってはその部分は消えつつあるものです。今は孫たちは勉強やスポーツに一生懸命ですが、ある程度時期が来れば、もっと沖縄のことを深く考えると思います。孫たちもいろいろなことがわかり始めてきています。私の娘たちは子育てに一生懸命だから、代わりに私が歌う姿を見せることで、沖縄に起きている出来事に無関心ではいけないという姿勢を、孫たちに見せていきたいです。

▼幼少期、見て歌と芝居を学んだ

金平――その頃、物心ついた時はどんな風でしたか。
古謝――嘉手納町は米兵だらけでしたよ。それが普通の光景でした。これが沖縄だと思っていたから。
金平――歌をやろうと思ったきっかけは？
古謝――私の母親は沖縄の歌が嫌いでした。沖縄の音楽や芸能をやるのは反対だったんです。しかし、私は1歳半から母の妹に連れられて沖縄芝居を見るようになって踊りや芝居、歌が好きになりました。３歳くらいからは隠れて三線に触れていました。
金平――そして、歌とか三線は見ているうちに自然と？
古謝――そうです。当時は1カ月間とか長期滞在している芝居でした。毎週変わる演目を毎日見ていました。
金平――今でも覚えていますか。
古謝――はい。芝居の筋は全部覚えています。そうやって3～4歳のころには、芝居座の幕を開けたり役者と話したり一緒に踊ったり。しかし「この娘がいると、この娘しか注目されなくなる。連れてこないでくれ」と、叔母さんは芝居小屋の人に怒られ出入り禁止になりました。
金平――それくらいやっぱり。

古謝――えぇ。でも私は芝居が始まる時間がわかるので、叔母さんより先に行って来るのを待っていました。「歌わない、踊らない、しゃべらない、おとなしくする」ことを約束されましたが、それでも見たいから、ずっとおとなしく見ていました。それが一段と集中力を高める結果となりました。

金平――きちんと学ぶというね。すごいですね。

古謝――役者のセリフや踊りを覚え、家に帰ってきたら一人芝居状態でした。よくやったものだと大きな声で言いたい。

金平――父親が勤めていた米軍基地は当たり前のものとして存在していたと思いますが、しかしそこで事故で亡くなられた被害者ですよね。それから母親も基地で働いていたからこれまで生きてこられた側面もある。もう一方では基地絡みの悪いこと、いろいろな側面を見てきたわけですよね。そのような環境で古謝さん自身は沖縄芝居が一番楽しいことだったと。

古謝――よくわからないけど、そうだったんじゃないでしょうか。

金平――しかし、これはよい出会いをしましたね。母親は反対だったのですね。

古謝――母親は反対でした。父親はとても真面目な人だったと聞いています。実家の勝手口がある方向にダンスホールがありました。そこから流れる音楽に対しても「聞きたくないから勝手口を締めなさい」という人だったと聞いています。父親が生きていたら芝居を見ることも叶わなかっただろうし、今は何をしているだろうと思うことはあります。

▼坂本龍一さんとの出会い

金平――それで歌の世界に入られて。歌の師匠のような存在の方はいますか。

古謝――小学校の時に自分で探していました。津波恒徳さんと石原節子さんが嘉手納町で研究所を開いていたので、そちらに通いました。

金平――小学校の時ですか。

古謝――中学校からはフリーとなりました。

金平――デビューしたのはいくつのときのことで

すか。

古謝——9歳でした。

金平——そうですか。レコードデビューされたのですか。

古謝——45回転のレコード盤。

金平——シングル盤ですね。ドーナツ盤。

古謝——レコードですね。9歳の時。「すーしすーさー」という曲です。

金平——これどういう意味ですか?

古謝——「すーさー」はひよどりのこと。「すーさーすーさー」ってタイトルだったけど、これで送ったら、ジャケットが「すーしー」とプリントミスされたって、大人になってから言われました。ええ、そうなのって思ったんだけど。

金平——そして沖縄民謡を本格的に歌うようになる。

古謝——もう時効ですから言いますけど、中学生の頃から酒場で歌っていましたよ。あの頃の民謡酒場はステージがあってホールとステージが別だったんですよ。ホールはホステスがやるんですよ。呼ばれても行かないです。だから中学生ぐらいから、明日学校休みという時に行ってました。

金平——古謝さんについて、僕がもう一つ覚えているのが、ネーネーズの前だと思うのですが、坂本(龍一)さんのアルバム「ネオ・ジオ(NEO GEO)」(1987年)。あれを僕はリアルタイムで見てたから、すごいなぁと思って。その頃は坂本さんは、ガムランとか世界の民族音楽に興味を持って、自分の音楽に取り入れていったりしたじゃないですか。その中にいたでしょう?

古謝——ネーネーズの前ですね。30代の前半ですね。

金平——おもしろかったでしょ?

古謝——不思議なことばかりでした。とにかく本土との人との関わりのあるツアーとかやったことがなかった時代でしたので。

金平——どういうきっかけで坂本さんたちと?

古謝——うちの母は戦争を経験しているから大和人(ヤマトンチュー)が嫌いだったんですよ。大和人は頭が良くて口が達者で沖縄の人をだます、だから絶対に大和人には嫁には出さないって、これを私が小さな時からずーっと言い続けてきたんですよ。（長じて）結婚しても、子どもができても、大和人とはあんまり接しなかったです。それってコントロールされているのと一緒ですよね。（私にとって）親の言うことと、先生の言うことは絶対でしたので。

そんな中で、私は30歳で離婚して、いろんな人と仕事するようになったんですよ。その中で、私のその感覚を変えてくれたのが坂本龍一さんでした。人間は、人は皆同じなんだっていうのを教えてくれたのは坂本さんなんです。彼が教えたわけではないんですよ。私の中で、気が付いたんですよ。親の言うことは一つだけ間違えている。大和人だけが悪いんじゃない。だけど、坂本さんと出会って、これが変わったんです。とっても素晴らしかったです。周りの人もすごかったです。その時に思ったんですよ。いろんな人がいるけど、皆同じなんだっていうことを30歳過ぎてから分かったという…。

金平——音楽を一緒にやることで、あるいは、お付き合いして話することや立ち振る舞いみたいなもので、人を偉そうに見下したり、使ったりみたいなそういう関係って一緒に仕事する上で見えてきたりしますよね。坂本さんはそういう面ではどうでしたか？

古謝——これまで県外の人とやるっていうのがなかったんですよ。そこに坂本さんが最初だったんですよ。だから大きな出会いでした。出会いになったのは、坂本さんの「ネオ・ジオ」を担当していたソニーのディレクターが、沖縄の「ちんぬくじゅうしい」という歌を歌える民謡歌手を探していて、NHKのコンテスト（ヤングミュージックフェスティバル）で優勝した沖縄のバンド「六人組」のリーダーのドラムが私の友達だったので、彼からの紹介で連絡が来たんですよ。

金平——それで我如古より子さんとか玉城一美さんとか。

古謝——その時は3名とも別々に活動していたんですが、私が2人に声をかけて、レコーディングしたんです。

金平——楽しかったでしょ？　ツアー行ったり。アメリカでのツアーは、僕は映像で見ました。

古謝——不思議なことだらけでした。アメリカもヨーロッパも行きました。

金平——（聴衆は）みんなビックリしてたでしょ？　聴いたことないものを聴いたような感じで。

▼「見て見ぬふり」のひどさ

金平——今は戦争とか平和とかそういう青臭いこと誰も言わなくなったじゃないですか？　だけど、古謝さんお活動とか見ているとやっぱりそういうことをすごく意識されている。そういうのを意識して歌っていかなきゃいけないって思いは強いですか？

古謝——強いですね。誰でも嫌なことは忘れて楽しいことをして進みたいっていうのが多いはずだけれども、嫌なことがあったからこそ今があるわけだから、それに目を背けてヘラヘラとやっていきたくないと思って。おじぃおばぁも戦争を体験しているし、自分の親もそうだったから、当たり前のように聞かされていた。だからそれを伝える者が、私が小さい時は、周りにいっぱいいた。

だけど、うちの娘もそうだし、うちの孫たちもそうだし、いい世の中で生まれてきている人たちは、それしか（いいことしか）分からないですよね。今は当たり前のようにいい人しかいないですよね。学校でも本にあることしかやらないはずだから。だから歌を通して、その時代がどうだったのかを子どもたちにも分かってほしいなと思います。平和や戦争というこの2文字を絶対に忘れてはいけないと感じているから、それが強く出ているんではないかなと思います。

金平——僕が最初に（沖縄に）来たのは1987年かな。琉球ガラスがきれいだとか泡盛が美味しいとか、本当の観光客で来たんです。頭の中には、沖縄戦とか、そういう知識としてはあったけど、社会的な関心から沖縄に入ったわけではないんですよ。やっぱりきっかけになったのは、95年の暴行事件ですね。取材しているうちに、どこか変だなと思うようになってきて。

　歌手の知念良吉さんと彼の「どこへゆく　オキナワンボーイ」っていう歌（本書177頁参照）が好きで、彼に歌ってもらいながら特集を作ったり。彼はコザで育った人なんで、コザ暴動とかも見ている。そんな話をもよくしてくれたんです。知識として勉強しているという感じだったのが、95年のあの事件以来何度も何度も足を運んで、それでもここの中の人の話を聞いていくうちに、そんな簡単に分かったふりなんてできないなと。

　だから今起きている辺野古とか、高江とか見てひどいと思いますよ。どんなに選挙で意思表示しても、力で押さえつけて。機動隊員は命令されている側だと思うけど、「土人」とか「シナ人」とか言ってみたりね。それから羽交い絞めにしておじぃとかおばぁを物みたいにして運んで行くシーンを見ているでしょ。同じ本土の人間……僕は北海道ですけども、見てて恥ずかしいですよ。何でこんなことやるんだって。意見の違いはあるだろうけど、嫌がっているものを無理やり押さえつけて言うことを聞かせるやり方って、やっぱり間違っていると、取材していてますます感じます。

　筑紫さんも亡くなったし本土のメディアで（沖縄を）やる人がいなくて、こっちのタイムスや新報はそれなりにやっていますけども東京が冷たい。見て見ぬふりしている。知念ウシさんがいう「シランフーナーの暴力」。それが一番ダメだと思う。いじめの構図は、いじめてるやつがいて、いじめられる子がいて、それだけじゃないんですよね。黙って見て知らんふりしてるやつがそれを支えているんじゃないかなって。本当にそういう意味でひどいなと思いますよ。

　今日、ここに来る飛行機が遅れたのも、那覇空港上空で軍用機が飛んでるから、（こちらの方が）旋回させられるんですよ。滑走路が1本しかない空港で民間機がずっと旋回させられるような、どっちが優先事項なのか。沖縄のことだけじゃないんですよ。「俺たちは関係ないよ」みたいにして、（他のことにも）見て見ぬふりするのがずっと続くんじゃないかなって。

▼沖縄の女性の力

金平――最後に、北海道と沖縄は離婚率が高いんですが、それは、女性が自立しているからだとされていて、また助け合いみたいな風土があるから一人でも生きられるからだと言われていますが、それだけじゃなくて、女性の力っていうのを古謝さんは、お母さんが一人で育ててくれたみたいなのもあるから、そういうものってすごく感じませんか？　感じるとすれば、いつぐらいからそういうことを実感するようになったか？

古謝――子どもを産んでからですかね。やはり子ども産んでから変わると思います。私は1回離婚して、(相手が) 養育費とか払えないとか言っていて、そんなのもらわなくても娘2人くらい私一人で育てるって気持ちが大きかったんです。だから子どもの存在が一番大きいんじゃないかなって。どんなことがあっても守り抜くっていう気持ちがあって、それが知らない間に身体に染み付いてきているんではないかなって。母親の背中も見ているし。

小学校くらいの時には、夏休み明けの学校で、みんなファミリーの話をするわけ。どこに行ったみたいな。私は学校から帰ったら、すぐにお家の仕事をさせられる。掃除させられる、洗濯物をたたまされる、野菜を洗わされる。そういう中で育ってきたから、父ちゃんに何かを買ってもらったとか、一緒にどこか行ったとかそういう話の仲間に入れなくて、その違いは大きかったですね。中学生くらいになってから、母親に言ったんです。みんな父ちゃんがいるし楽しそうだし、母ちゃん再婚してってお願いしたんです。普通は言わないんですけども。お父さんがいてお母さんがいて子どもがいるっていうのに憧れていたんじゃないですかね。母から返ってきた言葉は、自分は父ちゃんしか好きじゃないから、結婚はしない。再婚はしない。父ちゃんが大好きだからって言われた時に、もう二度と言わなかったです。

ずっと一人でやってきて、私が結婚したすぐくらいに母は大病をしたんです。その後、亡くなる少し前、自分の死期みたいなものを予感したのか「あんたが中学校の時、母ちゃん再婚してって言った時に、再婚しておけば良かった」ってぽろっと言ったんですよ。今からでもいいさってウチも言ったんです。私が中学生の時に誰かいい人がいて、一緒に生活をして、ちょっとでも生活費をまかなえるような生活をしていたら、苦労も病気もしないかったかもしれないって思ったんじゃないかな。それがとっても悔しいんだけど。

金平――いくつで亡くなられたんですか?

古謝――67歳です。

金平――早いんですね。苦労されたんですね。

古謝――結局はずっと一人で。

金平――女性の力はすごいですね。でも沖縄で今起きていることは、そういう女性の力とか声とかそういうのを蔑ろにしているというか、ひどいですね。

古謝――でも男が一番という世の中なんですよ。沖縄。

金平――建前と本音が全然違いますよね。県庁なんかの対応見てても、建前はともかく男社会だなやっぱりって。活気があるのは市場。公設市場とか行くと主役は女性ですよね。そういうところ支えているのは、女性なんですよね。基地とかでの反対の声、島袋のおばぁ(島袋文子さん)もそうだけど、やっぱり女性の声は強いですよ。ゆるがない、ブレない。男の人は変わりますけど、女の人は変わらないですよね。それはすごいなと思いますけどね。

軍隊の暴力にさらされ続ける構図

2016年10月14日、那覇市内での対論

オール沖縄会議共同代表 高里 鈴代
金平 茂紀

▼筑紫さんの怒り

金平――普天間基地の移設について、危険性の除去が出発点だという言い方を政府がしていますよね。しかし僕の記憶では全然違う。1995年9月の暴行事件があって、反基地運動が島ぐるみの運動になりましたね。それに恐れおののいた当時の橋本（龍太郎）首相とモンデール駐日大使が、これでは米軍が沖縄に駐留できなくなると慌てふためき、危機感を抱いて、当時の国防長官に電話を入れた。つい最近、モンデールが証言しています。それで2人で相談し、草案を作り、普天間基地についてはとにかく返すと言ったわけです。そこが出発点です。ところが、暴行事件はまるで何もなかったかのように、現在の政府は普天間基地の危険性除去ということを繰り返している。

暴行事件が起きた95年、僕は筑紫哲也さんと「ニュース23」という番組を作っていました。当時、久米宏さんがキャスターをしていた「ニューステーション」という番組が午後10時からあった。僕らの番組は午後11時でしたが、ニュースステーションのトップニュースで事件のことを延々と放送しているのを見て、あの温厚な筑紫さんが怒ったんです。これは何だ、君らは取材しているのか、とものすごく怒った。温厚な人ですから、血相を変えて怒ったことはあまりないんですね。それで沖縄に来て必死に取材したんです。高里さんは北京の女性会議から急遽帰国されて……。

高里——急遽ではなくて、予定通り帰ってきたんです。第４回世界女性会議の北京会議に沖縄から女性71人で行ったのです。私たちは責任ある参加をしようという思いで、約１年かけて会議に向けてのテーマを私たちなりに、沖縄の状況と合わせながらワークショップを準備し、出かけていったんですね。私が持っていったのは「軍隊、その構造的暴力と女性」というテーマのワークショップだったんです。それが向こうの女性ＮＧＯ世界会議のプログラムの中で、最後のほうのスケジュールになったのです。それで、一緒に行った71人のうち私たち８人だけが残って、あとは先に帰ったんです。

先に帰った人たちが、ラジオや新聞で小さな記事を見つけて、抗議文を作って、団長の私が帰ってくるのを待っていたんです。それで９月10日に帰ってきたのですが、那覇空港に着いたら、メンバーが迎えに来ていたんですね。なんでこんな遅い時間に迎えに来るのよ、と冗談ぽく言ったら……。

金平——何時に迎えに来たんですか。

高里——夜10時ぐらいだったでしょうか。大変なことが起こったのよと言って、新聞の小さな切抜きと、作っていた抗議文を見せてくれたんですね。当時の県政は大田昌秀知事で、女性の東門美津子副知事がいた。東門さんも北京会議に参加し、一緒にいろんな準備をしたメンバーだったので、私は11日の朝８時に副知事室に集合をかけたんです。

粗い抗議文はできていたんですが、抗議ではなくて、むしろ被害に遭った少女に伝えるメッセージでないといけないという思いで、またみんなで話し合って文章を書き換えた。事件に対して私たちは、被害にあった少女がどんな思いでいるだろうということと、傍にいる家族にメッセージを伝えたい。沖縄のでの事件はこれが最初ではないし、大変な経験だし、ずっとあったことなんだというメッセージを付けた。それが初めての公の記者会見になりました。

金平——それが95年の暴行事件を公に報道するス

タート地点なんです。僕も調べたんですが、いろんな経緯があった。事件が起きたのは9月3日でしょう。ひどい事件ですが、その時の警察の対応は「貼り出し」だったです。僕ら記者の世界で県警の「貼り出し」というのは、交通事故の軽微なものとか、要するにどうでもいい話の発表です。一番大きな事件は県警で記者会見し、発表はいちおう広報が来てこういう事件があったと発表する。それに対して貼り出しは、紙一枚貼っておくだけなんです。軽微な事件の扱いは、新聞にとってはベタ記事でいいという、当局側の価値判断です。ですから第一報は、沖縄タイムスも琉球新報もそんなに大きくないんです。

高里――そうですね、小さいです。

金平――なんでそういう扱いになったのか、後で調べたんです。当時の吉元政矩副知事が被害に遭われた少女の家族とも面会されているし、当事者をどうやって保護するか、ケアをしていた。もう一つは身元が分からないようにする。被害者の保護と家族の動揺をなくす。それからどこかで、こ

たかざと・すずよ　1940年生まれ。宮古島市出身。沖縄キリスト教短期大卒。フィリピン留学。東京都女性相談センター電話相談員、那覇市婦人相談員を経て89年から那覇市議4期。強姦救援センター沖縄REICO代表。基地・軍隊を許さない行動する女たちの会共同代表。「辺野古新基地を造らせないオール沖縄会議」共同代表。

れはあまり大きくしてはいけない、という配慮があったようで、県警との打ち合わせで貼り出しの扱いになったと思うんですね。

ところが、高里さんたちの記者会見があって、NHKも含めて夕方にけっこう大きく報道した。当時、QAB（琉球朝日放送）はまだ開局していなくて、通信員が本社のテレビ朝日にニュースを報告していたわけですが、その中で記者会見のニュースをテレビ朝日のニュースステーションのデスクが見て、これは大変だ、黙っていてはいけないと動き出して、取材を重ねた上でトップニュースで出したんです。10分以上の長い、かなり深いニュースで、それを見て筑紫さんは怒ったんです。

その当時、僕らの仲間である琉球放送（RBC）も取材していなかった。これはあまり騒いではダメなんじゃないの、というような思い込みがあって、きちんとフォローしていなかった。ところが、高里さんたちが記者会見をしたことで、これは大変なことが起きたということが、徐々に沖縄のメディアの人も自覚するようになった。特に若い人は、こういうものはあまりやってはいけないんじゃないか、という思い込みがあったように僕は聞いていています。

▼女性への人権侵害

高里――先に帰っていた人たちが、小さな新聞記事を見た。これは過去のことを言っているのか、今起こったことを言っているのかと、ラジオのニュースを耳にした人が、あれっと思ったんです。

北京会議での私のワークショップも、過去のことを調べたものを持っていったので、ずっと意識しているわけですね。北京会議では、ヒラリー・クリントンさんがその当時アメリカ政府の代表で来ていましたけれど、彼女は女性に対する暴力の問題、人権の問題についてすばらしいスピーチをしたんです。

第4回世界女性会議の大きなテーマは、女性に対する暴力や人権侵害で、いかに暴力があることに沈黙を強いられているか、沈黙を破って声を上げようということが、大きなテーマとして地球を覆っていた。ですから、そういう思いで沖縄の人も参加している。特に私が準備したワークショップは、過去の沖縄の米軍の問題をずっと調べた上で持って行っていますから、その小さな報道にぱっと反応したんです。これは本当に許せないと思ったわけですね。

そうすると、新報もタイムスもその問題を取り上げました。誌面座談会がいくつかあったんですが、そこで北京会議に行ったメンバーたちが強く言ったのは、基地があることで起こり続けている事故、事件は問題にするけれども、女性が受けているこのような暴力については、基地対策室の中にも、これは公務外の犯罪ということできちっと対策がないわけです。県は、米軍の墜落やいろんな事故、事件に対応してリストも全部ある。でも、性暴力に対しては警察、検察で事件化されたもののデータの統計は出ますけれども、それに対応する窓口はない。それで、そういう窓口が必要ではないかという提案をしたわけです。

沖縄県議会も動き出して、地位協定の改正を求めて代表団が東京に行ったんです。あの時は河野洋平さんが外務大臣でしたが、そう感情的にならずにと収めて、と。これは運用改善でやる、地位協定の改正は簡単ではなく無理だと言った。県議会の代表たちは本当に憤慨して戻ってきたんです。これも県民大会への大きな力になったんですね。

10月21日の県民大会に至るまでに、沖教組などが呼びかけた抗議集会が普天間高校で行われました(10月5日)。その時には県議会の代表が戻ってきて、政府の対応にとても憤っていた時でした。

その集会の入口に入って行こうとする私に、ある男性は、これは安保の問題なんだ、女性への暴力問題に矮小化するな、と言ったんです。私はぱっとその人に指差し返して、これは安保の問題であると同時に人権侵害の問題ですよ、それも分からないならあなたは安保も分かっていない、と言ったんです。その男性は、女性たちが記者会見したりしていることへの非難の思いだったんでしょうね。

　また、被害者の親戚の方から新聞社に電話があって、住んでいる地域をカメラを抱えた人たちが走っているとか、これを何とかしてくれというう訴えがありました。そこで私たちは北京会議に行ってきた95沖縄実行委員会の名前でメッセージを作り、記者会見をして発表したんです。被害者を特定しようとするような取材のあり方はセカンドレイプになるので自粛を求めると。主要メディアや主要週刊誌全部にファックスを送ったんです。

　事件に対して、またこのような状況が起こり続けていることに対して、許せない、続いてはいけないという思いと、被害に遭った人をどうしっかりと守るか。ということから、急遽また私たちは、新しく強姦救援センターを立ち上げようと思いました。

　県に要求した相談窓口やサポート制度は予算化するのに時間がかかる。だから、女性たちが集まって、これまでに相談の経験がある者、性差別の問題に理解する力を持っている人、カウンセラーや精神科医の人たちが一緒になったのです。

　その時に参考になったのが、１９８０年代にできた東京の強姦救援センターでした。いろいろとやり方などを教えてもらいながら、私たちは早速、部屋を確保して電話機を置いて、まず相談を開始しようということになった。当時ＮＴＴの労組が、1年間の通話料と、電話機と電話番号をカンパしてくれた。それで、何もないのにスタートできました。私は議員でしたので、議員の事務所でスタートさせました。県民大会の日には、小さなチラシを作って、場内で配っていたんです。それで10月25日に最初の相談を受けたんです。

▼座り込みとアメリカでの訴え

高里――10月21日の県民大会には東京の政治家も来ていて、ああ、これで沖縄の怒りもピークに達したと言っている、というのを聞いたわけです。それで私たちは、もう本当にとんでもないと思って、また女性たちみんなに呼びかけて、１００人の女性たちの名前で、「基地・軍隊を許さない行動する女たちの会」を立ち上げたんです。それで県議会前にテントを張って、12日間そこで座り込みをしたんです。

その座り込みをする時にも、そこに参加する人たちがお互い話し合う経験をシェアする場にしようと話し合いました。12日間いろんな人たちがそこに参加して、座りながらマイクを回し、話し合いをした。

そこに、ある男性が現れて、実は10年前に、我が家でもこういうことがありましたと（話した）。小さなお店をしていて、小学生の娘に一人で店番をさせて、帰ってきたら、娘が被害に遭っていた。でも、誰にも言わずに家族の秘密にしてきたというんです。そのお父さんは私たちに、これは決してなかったことにしてはならないことだと言って、皆さんがこうしてやっていることに有難うと言ってカンパを下さったんです。

北京会議では12の行動綱領があって、女性の人権や暴力、女性と経済、メディアなどさまざまでしたが、その6番目に、「女性と紛争」という項目がある。その中に、紛争下における女性の暴力は戦争犯罪であるという定義があるんですね。

これは91、92年に起こったボスニア・ヘルツェゴビナ紛争の中で、民族どうしが互いに相手を支配する手段として、強制的に女性をレイプし、妊娠させて、自分たちの民族の子を産ませるという凄まじい暴力を行いました。それが国連でも取り上げられ、93年にウィーンで世界人権会議が開催された時に、紛争下における女性への暴力は戦争犯罪であると定められた。

女性と紛争の項目には、紛争下だけではなく、いろんな状況が書いてある。軍事占領下、植民地支配下、というようにいろんな言葉があるんです。でもそこには、沖縄の状況はないんですね。

それで私たちは北京会議に行く前に、日本語に訳されていた行動綱領を事前に勉強しながら、総理府の男女共同参画室に対して、日本政府代表が出ていく時には、どうぞこの条項に追加提案をしてほしい。それは、日本は独立国である、沖縄もその一部である。でもそこに、外国の軍隊が長期駐留をしていて、地位協定という不平等な枠の中で実際には暴力が起こり続けている。だから、長期外国軍駐留による暴力は戦争犯罪に準ずる問題であると、この「女性と紛争」という項目の中に挿入することを提起してほしいとファックスを送って要請したんです。これは無視され、実現せずにいます。

北京会議には日本政府も代表を派遣し、行動綱領を採択しています。この暴行事件に抗議するために、私は25人の女性たちを組織して、総理府と外務省に抗議に出かけていったんです。そこで、日本も参加して承認した行動綱領の精神に基づいて地位協定を見直すべきだという提案をしたんです。全く実現しなかったんですけれども。

12日間座り込みをしている時、ちょうど大阪でAPECが開かれて、クリントン大統領がそこに出てくる予定だった。ところが、沖縄の事件が起きたことも一つの理由で、急遽来なくなった。同じ時にアメリカのアジア太平洋司令部の司令官マッケイが……。

金平——ひどい物言いをしましたね。

高里——この3人の米兵たちはバカだ。レンタカーを借りる金があるんだったら、女を買うべきだったと言ったんですよね。その発言は、アメリカの議会でもすごい問題になりました。アメリカの女性議員たちが、全女性に対する侮辱だとして、マッケイは更迭されたんですね。

私たちは、北京で出会ったアメリカの人たちに沖縄の状況をメールでどんどん送りました。それで私たちは決めたんですね。クリントンさんが来られなくなったのなら、私たちがアメリカに行こう。アメリカの市民は、自国の軍隊が世界中に送り出されているけれども、その地域でどういう事態になっているかを本当に知っているだろうかと話したい。

県議会でも決議をして、代表をワシントンに送ったんです。県議会はワシントンとハワイに行った。私たちは96年2月からサンフランシスコ、ワシントンの議会、ニューヨークの国連、帰りにハワイにも行きました。サンフランシスコでは2回、大きな市民集会を開いて、(基地が返還された)現場を見て回りました。それからワシントンに行った時は向こうの議員たちと、ニューヨークでは国連の女性の地位委員会に会いにいきました。そういうふうに私たちは活動できたわけです。それが表の活動だとすると、もう一つは強姦救援センターを立ち上げたものですから、裏でじっと電話を握っている行動も私たちはしました。

▼20年後も変わらぬ構図

金平――今のお話で、ヒラリーが北京会議に来たとか、河野洋平が地位協定を運用でやると言ったことが、今になって考えると意味があると思います。

あの時の高里さんたちの取り組みがあって、10月21日の県民大会は8万5000人が集まり、ものすごい反基地のうねりがあった。同時に、表と裏とおっしゃっていましたが、カウンセリングやケアも含めた取り組みをされていたわけですね。それが実を結んで、いろいろな動きが出てきましたよね。

一方で、たとえば地位協定の動きは、その後の政治では、運用改善という形で、微動だにしない状況がずっと継続している。もう一つは、やはり今年(2016年)のことを考えると、20歳の女性がウォーキングをしているだけで餌食にされた(米軍属暴行殺人事件)。構造は基本的には変わっていないです。

高里――変わっていない。今度は軍属ですよね。容疑者が逮捕された時のワシントンの反応は、軍属ということをとても強調したんです。

金平――本当はもっと重い話なんですよ。県警の発表の仕方もそうなんですけど、軍とは直接関係ないんだと、軍の責任を軽くしようという傾向があるでしょう。これは本当に逆で、軍属までもがこういうふうになってしまったという、すごく深刻な問題なんです。

ところが不思議なもので、元海兵隊員ということもなかなか報道しようとしない。これはもちろん本土のマスコミですよ。

高里——アメリカ陸軍の大佐にまでなって、また外交官もしていたアン・ライトさんを、今年6月に迎えて集会をしたんです。それで、女性が放置された場所にも一緒に行ったんですけれども、その時に加害者の前歴をもっと掘るべきだとおっしゃった。

金平——僕もそういうふうにアン・ライトさんから聞きました。だってあれ（遺棄現場）は北部訓練場に隣接している所だから、そこに（加害者は）土地勘があるんです。ここなら大丈夫だろうな、というような所に捨てていたというのが一つある。

もう一つは、遺体を運んだトランクを捨てた場所が、自分が出入りしている基地の中なんです。そこは沖縄の警察が立ち入れない。警察権が及ばないんです。そこで沖縄県警が何をやったかというと、アメリカ軍のごみの回収場所は基地の外だから、そこから探し出して、トランクだろうと思われるものを見つけてきているんですね。

状況でいうと、95年の事件を受けて、凶悪犯罪の場合、起訴前の身柄引き渡しという運用改善がありました。

高里——それでも、引き渡していないのが2件もあって、39歳の海兵隊少佐の事件（2002年、女性暴行未遂事件）は最後まで渡していないですよね。だから、運用改善というけれども最終的な権限は米軍がしっかり持っている。（これでは）運用改善すらなっていないんですよ。

金平——「運用」の主語がどこかという話なんですよ。「運用改善でやる」と当時の河野洋平外務大臣が言ったということですが、運用する主体は米軍でしょう。いい配慮をしてくれるに違いないと勝手にこっちが解釈しているだけであってね。その構造って、当時と今とで基本的には変わっていないと僕は思うんです。

高里——沖縄の過重な基地負担というけれども、そこから溢れ出てくる暴力、事故事件に対しても沖縄がその負担を受けているわけです。つまり、沖縄の人の人権がそれほど軽んじられている。今日、テレビで菅（義偉）官房長官が、辺野古の裁判のことに触れながら、盛んに「日本は法治国家ですから」と言っているんです。本当にそうなら、地位協定をちゃんとやりなさい。やるべきじゃないか、ということです。法治国家と言い張れるほど人権が守られ、平等で、自分の国民に対してしっかりそれを守れるような法律になっているのかどうか、ということですよね。それなのに、この何十年間それもいっさいなしです。

▼強化される基地機能

高里——辺野古・高江の問題の根本には、先ほどおっしゃったように、95年の事件があるんですよね。８万５００人も集まったあの怒りに、日米両政府は安保が揺さぶられるように感じたんですよ。だから慌てて普天間返還を言い、北部訓練場の半分を返しますよと。でも条件があって県内に移すだけだという。要はここですよね。負担の軽減がいつの間にか、軍事強化や拡張のための手段に、逆に見事に転換されているんです。

ビル・クリントンが２０００年にG８サミットで沖縄に来た時に、平和の礎で演説をしたんです。稲嶺知事を傍に置いて、いい中身の原稿でした。ところがその中で、沖縄の戦争体験から、沖縄が望まなかったのにこれだけ基地があるとか、負担が大きいとか、全部言っているんです。

それで最後のパラグラフに、「５年前に我々はここ沖縄で、基地の整理縮小に向けてのプロセスをスタートさせました。併せて我々は、27のステップを踏むことに合意しました。我々はすでに半分以上を終え、一つ一つの事項が遂行できる確認をしていきたいと思います。我々はこの島に残した足跡を軽減していくための努力を続けていきます。良き隣人としての責任を果たします。責任を果たさないことは許されません」と言っているんですね。

「足跡の軽減」、英語では We reduced our footprint です。このフットプリントとは何なのか、95年のあの事件のことを思うと、まさに軍隊の削減なんですよ。

ところが、米軍再編が２００５年にあって、その時に新しく出てきたのが、２０１４年までに普天間基地を辺野古に移す。そして８千人の海兵隊をグアムに移す。８千人はその後、９千人にまで上がりました。そして、グアムに移すのに必要な財政的費用の協力は、日本が７千億円払うということだったんですね。これは三位一体だから、どれが欠けてもダメだというんですね。だから辺野古ができないんだったら、あとの二つもないということなんですよね。だからこれは実現していない。

今、事件が起こると米軍はすごく反応が早いんです。たとえば２００８年に14歳の中学生の少女が、38歳の海兵隊員のオートバイの後ろに乗っていてレイプされた事件があった。その時には、当時のフォーリー大使が仲井真知事に、その少女に対するお見舞いの手紙を託したりしたんです。それから２００５年に、10歳の少女が（わいせつ行為を受けて）事件化された時も、私たちの抗議に対してホワイトハウスが、あるいはライス国務長官が反応する。反応がものすごく早くなって、遺憾の意を表したり謝罪したりするんですけれども、問題の軍隊の削減には一切行かない。

ＳＡＣＯ合意（日米特別行動委員会が１９９６年12月に最終報告。11施設の返還が明記された）の中で、目玉は普天間基地の移設と北部訓練場の過半の返還なんですけれども、他にも細かいリストがあったんです。その中に、キャンプ桑江にある土地を返しますというのがあるんですね。その土地には海軍病院があったんですが、真新しい病院がキャンプ瑞慶覧の中に、日本の「思いやり予算」でできたんですね。それと「象のオリ」を返還すると、さらに精巧なものが、キャンプ・ハンセンの中にできているわけですよ。

95年の沖縄県民の本当の願いは、このような状況を起こさないためには軍隊の削減なんですけれども、これが巧妙にすり替えられて、基地の移設によって規模が縮小されるかのように言いながら、実際は強化される。

金平――今のキーワードは普天間の県内移設ですよね。誰が県内移設というようなオプションを用意したかということなんです。私が、いろいろ調べてみた結論として思っているのは、防衛庁（現防衛省）ですよ。防衛庁はアメリカ軍に県内にいてほしいんです。それが海兵隊の思惑と一致した。アメリカ軍といっても、陸海空（軍）と海兵隊の仲が悪いんですよ。海兵隊は斬り込み隊ですから、軍の中では一番地位が低い。沖縄戦で海兵隊が果たした役割は、一番死者数が多かった。普天間というのは最初に造った飛行場ですから、海兵隊にとってみると自分たちの同胞が一番犠牲を払って手に入れた戦利品だと思っているんです。その戦利品を易々と手放してたまるかと。

県内というオプションは1960年代からありました。海兵隊の中での権益を絶対に確保するぞということだわりと、防衛庁の利益が一致した、というのが僕の考えているストーリーなんです。『普天間返還交渉秘録』を書いている守屋武昌さん（元防衛庁事務次官）たちが「唯一のオプション」という言い方をしているんですから。

海兵隊の戦略ビジョン2025を見ても、微妙なところは返して、もっとより近代化された、強化された形のものへ移るんだと本音で書いてあります。高里さんの言うように、基地は強化されるわけです。

残念ながら今の本土の政治状況は、とても聞く耳を持つ状況になっていない。だから、ある意味で沖縄が、政治レベルで言うと孤立無援の状況に追い込まれていく。地位協定なんて変えられるわけがないと（95年に沖縄の要求を）突っぱねた、河野洋平さんでさえ沖縄が置かれている状況はおかしいよと、いっているわけです。今の政権がよく言っている法治国家なるものは、いったい何なんだという話になってしまいます。

▼海外で知った軍隊と戦争の本質

金平――沖縄の女性が、軍の存在によって被っている人権侵害について怒りを持たれている高里さんの個人的なきっかけをお聞きしたい。高里さんは那覇で生まれ育ったんですか。

高里――いや、生まれは台湾です。5歳で、戦争が終わって引き揚げて。

金平――じゃあ戦争を知っているんですね。

高里――記憶としては、台湾の中の防空壕に行ったとか、そういうかすかな記憶はあります。

金平――敗戦直後の、惨状の中の沖縄に帰ってきた。

高里――沖縄の人は、身内が亡くなっていない人はいないでしょう。私のおじ、おばたちも戦争で亡くなっていますね。

金平――さっきの話に出てきた、「これは安保の問題で女性の問題に矮小化するな」なんていうことを言った人が、運動をやっている中でさえいた。その中で、女性が声を上げるというのはものすごく大変だったと思うんですよ。

生活のレベルにおいては、女性の力がないとやっていけないぐらい、女性がきちんと動いているのに、運動とか政治になると、いきなり家父長制みたいになってしまって、男尊女卑の傾向が強くなり、女は政治に口なんか出すな、みたいな時代って続いていたじゃないですか。そんな中、高里さんが運動に取り組まれたきっかけは？

高里――具体的なきっかけは、20代初めにフィリピンに2年行っていたんです。それまでは普通の学校生活をしていたんです。アメリカの家庭にホームステイというか交流しに行ったこともあります。

夏休みにフィリピンの友人の家に招待されてオロンガポに行ったんです。そこは沖縄に戻ったのかと思うぐらいに、沖縄の基地の街と全く一緒だったんです。コザ辺りの状況とか。私は那覇に住んでいたんですけれども、那覇の近くにも売春地域があった。そこと雰囲気が似ていたんです。それこそ匂いまで似ているなと思いましたね。

もう一つは、フィリピンで友人たちの家に呼ばれて行って、夜になって楽しい夕食も終わって、みんなで静かに話すような時になると、日本軍の残虐なことをぽつぽつと話し出されるんです。それで私は、自分がちゃんと知らないままに来ていたのが、とてもいたたまれない気持ちになったんですね。フィリピンの人はあなたが悪いんではない、あなたのせいではないと言いながら、でもその人の父親は殺されて帰ってこないという話を、みんなぽつぽつとなさるんです。

フィリピンで、米軍基地のことと、日本軍の戦争のことを、沖縄から外に行って知ったわけです。それで帰ってきて、20代の半ばから、どうしても基地の街の女性の状況が気になって、いろいろと調べ始めたんです。

1960年代後半に売春防止法が（立法院の）審議未了で流れた。当時、私は直接会っていませんけれど、沖縄の売春状況があまりにもひどいということで、市川房枝さんたちが調査に見えていたそうです。私は、別の方が調査に見えた時に、一緒に立法院議員に会ったり、また過去に活動した人たちから聞くようなことを、20代半ばにやっていたんです。

金平――本土の売春防止法（制定）は1956年ですね。沖縄の場合は……。

高里――沖縄の立法院では1970年に売春防止法が成立するんです。ところがその施行は復帰後とするんです。

金平――その時にはもう復帰が決まっているから。

高里――決まっているから。売春防止法成立までに2度も3度も法案は立法院に上程されたんですけれども、そのたびに審議未了で流れるんですよね。70年になって、復帰と同時にこれ（売春防止法）は来るわけですから、自律的にやろうとしたんです。

それまで流れてきたのには二つの深い理由があった。一つは、売春防止法が制定されたら、（売春街以外の）地域に彼女たちが流れてくるのではと恐れ。もう一つの恐れは、現に彼女たちが最前列でドルを稼いでいるわけですね。そのドルがなくなると、沖縄の経済はどうなるか、というものでした。

1972年の復帰の時には私は東京にいました。とても気になっていたのは、米兵相手に働いている女性たちがどうなったかということです。
10年の東京生活でしたが、その最後の4年間は東京都の女性センターの相談員をしていました。沖縄には80年に戻ってきた。婦人保護施設にボランティアをした後、那覇市の婦人相談員になったんです。そこで受ける相談の中に、かつて売春をしていた女性たちが何人もいた。そこで聞く言葉が一緒なんですね。米兵相手に働いている時に、絞め殺されそうになったと。最初は、大変な経験だと思っていたけど、複数人がそのようなことを言うので、これは単なる個人の悲劇の問題ではなくて、基地があり続け、米兵がベトナムで戦って沖縄の基地に戻ってくる、その中で起こっている問題なんです。

金平——構造的な暴力だと。

高里——加害者の米兵も、それこそ構造的に（戦地に）送られて、九死に一生を得て戻ってきて、そういう中で起こるわけです。だから、私がいつも言っているのは基地の面積ではなくて、そこに駐留する兵士がどういう紛争につながっていくか、どういう兵士が養成されていくかというところにある。送られている兵士たちの数を減らしていく、なくしていくという方向に行かないと。ベトナム戦争でPTSDというのが出てきたのですけれども、生身の人間を兵器に仕立てて戦う中で、彼らも人間性を侵されていくわけです。今、アメリカでは軍隊の中の暴力がクローズアップされています。

金平——基地内のドメスティック・バイオレンスがひどい。つまり軍隊が持っている暴力的な本質です。軍というのは、どんな正当化が図られようが、結局は敵を殺すのが至上命題ですから。ロボットみたいに最前線でやってきた兵士も人間ですから、戻って復帰してきた時に、今いろんな問題が出ている。

高里——アレン・ネルソンさん（ベトナム戦争従軍元海兵隊員の反戦活動家。２００９年3月25日死去）も本当に深いPTSDを抱えながら生きていたんです。今、アメリカでは退役軍人の自殺率の高さが大きな問題になっている。

「基地・軍隊を許さない行動する女たちの会」に「軍隊」という言葉を入れたのも、沖縄に基地があるだけでなく、そこに軍隊がいる。軍隊の暴力性が地域にはみ出している。それが沖縄への暴力ですよね。

金平――今のこの国が進んでいる状況というのは、軍の暴力を直視する方向とは逆に行っていますね。警察官や海上保安庁の職員や、あるいは自衛官が、もし将来いろんな意味でトラブルに巻き込まれて、たとえばＰＫＯ活動で何かのダメージをくらった時はひたすらその犠牲の尊さをたたえる。その後に日本の政府や為政者が考えているのはスタンティング・オベーションですよ。これは日本の伝統になかったことをやろうとしている。僕は言葉を選んで言っているつもりですけれど、あれは「猿真似」だと思いますね。アメリカの、あいうものがおかしいというのは僕らの感覚ではセレモニーみたいなものを形だけ真似ている。あいうものがおかしいというのは僕らの感覚では分かるんですけど、若い人は分からなくなっている。麻痺してしまっているのではないかと思うぐらい、今ものすごい勢いで価値観が変わっている。あるいは、価値観が変わらされている局面があると思っています。

▼報じられる痛み

金平――高里さんの20代の頃のフィリピン体験で軍の本質を見る機会があったんだと思うですね。その後、高里さんは那覇市議会でずっと活動されていたじゃないですか。やはりその時も、そういう思いはずっと続けながらやっていらしたんですよね。

高里――一人の女性が売春業者を本当は訴えたいと思いながら、訴えきれなくて。警察もあまりにもひどい業者なので、事件化しようと彼女から訊いたりした。ところが彼女は子どもを3人抱えて逃げているから、払いきれないローンを抱えて人を騙してきたわけです。それもあって検察は事件を下ろさせたんです。それを聞いた時に私は、婦人相談員をやっていられない、議員にならなきゃ、と思ったんです。

そういうような、米兵相手に売春してきた人の相談を受けたり、また現に起こっている暴力団との問題をやっていきながら、これは相談員ではとどまれないと思って議員になったんですけれども、なってからもずっと並行して（相談員の）活動をやっていたんです。

　議員をやりながらも、この問題については、海外で国連関係の会議があると、呼ばれて行ったりしていたものですから、国際的なものについてはずっと関わっていたんですね。

金平――そういう視点の広さがあったから95年のあの事件というのが可視化されたと思います。（事件への抗議は）本来は沖縄の女性の人権回復とか保護に役立った上に、なおかつ軍の持っている本質を暴き出す方向に行けばよかったんですが。それがこの20年ぐらいの間の、時の流れの中で、今むしろ逆の方向に来てしまっている。

　（95年の）県民大会で「基地のない、平和な沖縄を返してください」とスピーチした普天間高校の女性がいたでしょう。彼女にはその後もよく取材していますが、（今は）ちょっと会いたくないと言う。自分の人生があそこで、ある種シンボライズされたでしょう。それで自分の生き方にものすごく悩んで、プレッシャーの中で生きてきていて、自分が荷われされた反戦の象徴という重荷については、もうあまり言いたくないと思われているのかもしれません。

高里――とても残念だと思いますね。あの時、被害に遭った女性を何とか安全にと思っていると、今度は象徴的に、彼女が取り上げられたという側面があった。いろんなところに講演に行っても、そこだけが切り取られた映像が流れる。一つの消耗材で、消耗していくようなね。

金平――消費されていくような。運動の論理はある種残酷だから、そういうシンボルを無理やり作り出して、その人が集客力に利用されてしまうところがある。とても大きな、かつ複雑な問題だと思います。

高里――２０００年の国際女性戦犯法廷で国際公聴会があって、世界中のいろんな紛争下の暴力の被害を受けた女性の証言が入ったんです。そこで高校2年生の時に3人の米兵にレイプされた女性に出てもらって、衝立を付けて匿名で証言してもらったんです。彼女は2005年の(米兵による少女へのわいせつ事件)時、稲嶺知事に手紙を書いた(「公開書簡」として沖縄タイムスが内容を報道)。20年前の被害体験で、いまだに揺れるような時があるし、静かな時もある。それで彼女が、「なぜ破壊と殺戮の訓練を受けている兵士が、わがもの顔で私たちの地域をこのように歩けるのか。この状況を変えてほしい。改善してほしい」という手紙です。(国際女性戦犯法廷での証言から)16年経っていますが、メディアに出る、いややはり無理だとか、いまだに揺れています。だから、(性被害者への取材では)メディアも規制をかけてやってもらえるかというのが、必要なことなんですけれどね。

金平——性被害って本当にデリケートな問題だから、僕らは間違うことがいっぱいある。取材すればするほど、どっちかがめちゃくちゃに傷つくことがあって、取材する場合も、プロセスの段階で途中経過を報道したりすると、結果的にそれが全然間違っていたりする時があるんですね。そういう時の判断はものすごく難しいというのがあります。でも、それは言い訳にはならない。

高里——今回の事件でも、(被害者が)行方不明の段階で、まるで本人に非があるかのような報道が、どんどん出ていたんです。95年のあの事件、それと今度の事件もそうですが、それから3月の観光客への事件もそうです。

▼大田さん翁長さんとのかかわり

金平——(1995年)当時、知事は大田さんですが、この事件に対する当時の大田さんの対応は、高里さんからご覧になって、今考えてどうですか。怒っていた?

高里——抗議に出向くのではなく、むしろ来るべきは相手だ、とすごく怒っていた。後で聞いたのでは、四軍調整官か誰かが休暇を取っていたらしいんですけど、とにかくもう知事のところに行かないと大変だ、ということになって、総領事も四軍調整官も慌てふためいて行ったという。

金平——その当時、翁長（雄志）さんは県議会議員です。自民党の超大物。その翁長さんが事件について何か言っていたという記憶はあります？

高里——ないですね。翁長さんは（1998年の県知事選で）自民党の幹事長として稲嶺さんを擁立し、公明党を引き寄せたんです。自公（体制）は沖縄からスタートしたんですよ。稲嶺さんは大田県政の中の経済界のリーダーでした。私の方は、大田さんサイドの女性部長をしていたんです。（大田陣営には）公明の国会議員だった白保台一さんも、最後の打ち上げの時まで壇上に立っていたんです。でも実際には数日前から完全にひっくり返っていた。公明代表の浜四津敏子さんには何度も応援に来ていただくようお願いしましたが、どうもいらっしゃる気配がないんですね。その間にどんどん自公が着実になっていた。翁長さんはその時の、立役者中の立役者です。

金平——今おっしゃっていたことがあって、大田さんと翁長さんとは和解できない。この間（2014年）の県知事選の時だって……。

高里——下地幹郎を応援してた。もう大田さんにはあきれましたよ。

金平——その時に大田さんに会いに行って、いくらなんでもという話をした。でも、下地君は本当の沖縄の人間だ、みたいなことを言う。そのぐらい、すごく複雑な、とにかくあの二人の和解はあり得ない。訊きたいのは、大田県政と今の翁長県政、その両方を知っておられる高里さんからの評価です。

高里——（大田さんが）知事になった時、県議会議員だった翁長さんとはものすごい対立的なものもあったでしょう。（敗れた県知事）選挙の時には自公にした張本人である幹事長でしたから、そういうこともあるから、一切認めないということはあるでしょう。

大田さんは知事選後は参議院議員になります（2001〜07年）。今の参議院議員の伊波洋一さんは、県議である時も（宜野湾）市長である時も、市民活動の運動をずっとやっているから、ちゃんと（市民に）還元していますよね。大田さんはそれがなかった。どこかに籠って勉強・調査をするか、あるいは請われて講演に行くかぐらいで、沖縄の状況を国会の中でもどんどん積極的に調整していくということは、ほとんどしていなかったと思います。でも大田さんというので応援しました。

それよりも、大田さんの後継で参議院議員になった山内徳信さんの方が具体的に、ジェーンさん（米兵に性的暴行を受けたオーストラリア人女性）の問題なんかもすごくよく取り組んだりしていましたし、また実際に座り込みの現場であろうと何であろうと、もう自ら来てやっていますよね。大田さんは本当に……。

金平――まあ学者タイプの人物ですよね。実行力でいうと学者知事はやはり弱い。ただ、実行力がある人は、とかく力を持つと腐敗するんです。そういうのを見ていると、まあ難しい。

高里――私は2004年に翁長さんと（那覇）市長選挙を戦ったんです（笑）。彼は辺野古の問題はSACO合意に従うと言っていたんです。私は反対でしたから、テレビ討論でも何でも、全く違っていたんですね。

翁長さんが市長選に出馬した（2000年）前は、親泊（康晴）市長、平良（良松）市長と、各4期、計8期の革新市政だったんです。親泊市長の2期目の選挙では翁長さんのお兄さんの翁長助裕さんが敗れています。

私はその時の市長選は相手の堀川（美智子）さん（陣営）の事務局長でした。私たちの仲間には環境問題の専門の人もいて、環境の政策を出して訴えたんです。タッチの差で勝利した翁長さんは、こちらサイドの、私たちの仲間の環境専門の琉大の教授に、特別参与になってほしいと要請したんです。私としてはね、この新しい市長が特別参与にしながらやっていくんだったらいいんじゃないかと思って、賛成したんです。

金平――進展しましたよね。屋上の緑化とか。

高里――2期目になると飛ぶ鳥を落とす勢い。男性は誰も出ないので、結果、私が出たんですけど。

市民にとって必要なものをやるんであれば、反対の人であろうと、それを進めるにはぜひやってほしいな、という思いがあったので、市政運営ではいろんな面で評価もできる。私は反対もいっぱいあるんですけどね。あるんですけれども、2期、3期目ぐらいから病気になって（2006年に胃がんで手術）、回復してから、変わったかなと思います。基地問題でも教科書問題の頃（2007年）からオスプレイから、いろんなことから徐々に変わってきた。

金平――変わりましたよね。インタビューでは、変わり目の一つが教科書問題だと答えています。それともう一つは、東京にオスプレイ（配備反対の島ぐるみ会議）の建白書を持って行ったでしょう（2013年1月27日）。その時にデモをしたら、中国のスパイとか野次られて、本当に傷ついたと言っていました。やっぱり、「イデオロギーよりアイデンティティ」とはそういう意味だと思います。

あとがきにかえて　ワジワジーをあらたに

「新ワジワジー通信」が書き継がれた4年間も沖縄は激動の連続だった。翁長雄志氏率いる沖縄県政が徐々に軌道に乗ってきて、知事としての求心力が強まった2015年から僕はこの連載を書き始めた。この間、辺野古、高江での米軍基地建設工事が、根強い反対があるにもかかわらず、力づくで推し進められていた。聞く耳を持たない日本政府による波状的な、いわば「凌辱」が繰り返された。そして任期4年目を迎えていた翁長氏が、すい臓がんに冒されて急死するという事態を受け、急遽実施された沖縄県知事選挙。翁長氏の「遺言」に後継候補のひとりとして名前があがっていた玉城デニー氏が新知事に当選した。そして2018年に僕はこの連載を終えることになった。

その後も沖縄をめぐる情勢は厳しさを増している。新基地建設のために、沖縄の山を削って、その土砂で海を埋め立てている。むごい話だ。「沖縄に寄り添う」とはこういうことを言うのか。「粛々と」とは「力づくで」と同義なのか。玉城知事が予言した通り「いばらの道」が続いている。

そんななかで、2019年2月24日、新基地建設にともなう辺野古の埋め立ての賛否を問う沖縄県民投票が実施され、投票率52％超、投票者の72％が埋め立てに「反対」というきわめて明確な意思表示がなされた。本書の85ページと202ページでも触れていた元山仁士郎さんたち若い世代の力が県民の意思を動かした。だが、政府はこの「民意」を埋め立てるかのように、辺野古の海に土砂を投入し続けている。

市民たちの情報公開を求める粘り強い動きと、専門知識を動員して資料を読み解く緻密な努力によって、埋め立て海域の一部には「マヨネーズ状の」軟弱地盤が深さ90メートルにまで達して存在していることがわかった。防衛省は軟弱地盤の存在をわかっていながら、市民らの指摘があるまで一切言及しなかった。地盤補強のために杭を数千本打ち込むのだという。果たしてそんな工事が可能なのかどうかも判然としていない。費用が何倍にもかさみ、工事期間も数年延長を余儀なくされる。つまり工事の基本コンセプトが変わるのである。それでも有無を言わさず、工事を進めている。

一体何のための、誰のための工事なのか。

現在の安倍政権は、歴代の自民党政権の中でも突出して、沖縄のたどってきた歴史と県民感情への理解力を欠いている。単なる無知と想像力の欠如では済まされない、沖縄に対するある種の「蔑視」のような振る舞い（例えば「主権回復の日」の祝賀式典の挙行など）をみるにつけ、ヤマトゥンチューのひとりとして、恥辱を覚える。
今日は、「平成」に続く新たな元号として「令和」という元号が政府によって発表された日だ。日本では元号は「大化」以来絶えることなく継続してきたと政府は説明しているが、沖縄ではどうだったか。少しは気にかけてはどうか。沖縄では、琉球王国時代には中国の元号を用いていたことが多く、１８７９年の「琉球処分」以降に「和暦」として日本の元号が使われることが多くなった。しかし、沖縄戦以降の１９４５年から１９７２年までは、アメリカの統治下にあったので、西暦が普通に使われていた。元号は絶対権力者の時間支配を反映している面があるのだ。そのことを忘れるべきではない。なぜならば、沖縄は先の戦争で最も深甚な犠牲を強いられた場所のひとつであるからだ。

本書を出版するにあたり、沖縄タイムス連載中の編集にあたっていただいた与儀武秀氏に深く感謝の意を表します。与儀氏には公私両面でとても多くのことを学ばせていただきました。連載最後の数回の担当だった粟国雄一郎氏にも、損な役回りを引き受けていただき感謝。また、そもそもの「沖縄ワジワジー通信」連載スタート時に編集にあたっていただき、さらに本書の出版を担当していただいた友利仁氏にも、本当に最後までお世話になりました。ありがとうございました。表紙に意味のある写真をお寄せいただいた琉球放送カメラマン当時からの畏友、大盛伸二さんにも深く感謝致します。対談に快く応じていただいた古謝美佐子さん、高里鈴代さんのご両名にも感謝。さらに、沖縄県民の「誇り」を最後の最後まで失わなかった類まれな政治家・故翁長雄志さんにも最大級の感謝の意を表したいと思います。僕と沖縄との縁は、生涯切れることなく継続するでしょう。そして、この本に表れているワジワジーの精神はなおも、よりパワーアップして、僕のなかで継続していくことと思います。

ああ、ワジワジーする。

2019年4月1日　元号「令和」発表の日に

金平　茂紀（かねひら・しげのり）

ＴＢＳ報道局記者・キャスター・ディレクター。
1953年北海道生まれ。東京大学文学部卒。1977年ＴＢＳ入社。報道局社会部記者などを経て、91～94年モスクワ支局長。94～2002年「筑紫哲也 NEWS23」担当デスク。02～05年ワシントン支局長。05～08年報道局長。08～10年アメリカ総局長兼コロンビア大学東アジア研究所客員研究員。11年より「報道特集」キャスター。
2004年ボーン・上田記念国際記者賞受賞。
おもな著書　『ロシアより愛をこめて』（筑摩書房）、『二十三時的』（スイッチ・パブリッシング）、『ホワイトハウスから徒歩５分』（リトルモア）、『テレビニュースは終わらない』（ちくま新書）、『報道局長業務外日誌』（青林工藝舎）、『報道再生』（角川α新書）、『沖縄ワジワジー通信』（七つ森書館）、『漂流キャスター日誌』（七つ森書館）ほか多数。

金平茂紀の新・ワジワジー通信

2019年4月25日　　初版第1刷発行

著　者　金平茂紀
発行者　武富和彦
発行所　沖縄タイムス社
　　　　沖縄県那覇市久茂地２－２－２
　　　　電話　098-860-3591（出版部）
印　刷　株式会社東洋企画印刷

ISBN978-4-87127-263-6　C0036

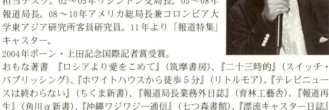